公路工程施工与管理

王　胤　常文华　李智龙　主编

吉林科学技术出版社

图书在版编目（CIP）数据

公路工程施工与管理 / 王胤，常文华，李智龙主编
. -- 长春：吉林科学技术出版社，2020.9
ISBN 978-7-5578-7591-6

Ⅰ．①公… Ⅱ．①王… ②常… ③李… Ⅲ．①道路施
工—施工管理 Ⅳ．①U415.1

中国版本图书馆 CIP 数据核字（2020）第 189235 号

公路工程施工与管理

主　　编	王　胤　常文华　李智龙	
出 版 人	宛　霞	
责任编辑	端金香	
封面设计	李　宝	
制　　版	宝莲洪图	
幅面尺寸	185mm×260mm	
开　　本	16	
字　　数	230 千字	
印　　张	10.5	
印　　数	1-1500 册	
版　　次	2020 年 9 月第 1 版	
印　　次	2021 年 5 月第 2 次印刷	
出　　版	吉林科学技术出版社	
发　　行	吉林科学技术出版社	
地　　址	长春净月高新区福祉大路 5788 号出版大厦 A 座	
邮　　编	130118	
发行部电话 / 传真	0431—81629529　　81629530　　81629531	
	81629532　　81629533　　81629534	
储运部电话	0431—86059116	
编辑部电话	0431—81629520	
印　　刷	保定市铭泰达印刷有限公司	
书　　号	ISBN 978-7-5578-7591-6	
定　　价	45.00 元	

前　言

随着我国经济社会的快速发展，公路产业作为国家基础设施的重要组成部分得到了迅速发展。公路建设单位不断扩大，能力逐步提高，竞争日益激烈。在这种情况下，加强公路施工管理，提高施工质量已成为施工企业发展的必由之路。在分析公路工程管理的特殊性和现状的基础上，探讨加强公路工程施工管理的措施。我国公路建设管理中存在着许多问题。要解决这些问题，必须加强对公路项目经理的培训和教育，提高管理队伍的基本素质，落实项目经理责任制。消除违法行为，建立健全公路施工管理制度，规范工程项目施工管理，制定施工前计划并不断优化，做好施工质量管理工作。只有这样，我们才能适应国内外的市场环境，才能主动迎接国际竞争的挑战。

提高对施工质量管理的思想认识，将其摆在突出位置，然后结合公路施工基本情况，制定健全完善的质量管理制度，同时还要健全质量管理体系，有效约束公路工程施工，进而实现质量管理的规范化和制度化。要明确质量管理人员具体职责，严格落实责任制，让公路施工质量管理各项工作得到全面落实。制定并实行奖惩激励机制，对质量控制到位，工程质量优秀的部门和个人实施奖励，从而激发他们的主动性，加强质量管控，确保工程质量提升。此外还要重视施工现场巡视和检查，及时排除质量隐患，将可能发生的质量事故消灭在萌芽状态，让公路工程建设取得更好效果。

在确保施工任务顺利完成，提升工程质量的前提下，还要加强公路施工安全管理，制定并严格落实安全管理制度，遵循安全管理规章制度。要合理设置安全管理机构，配备数量充足的安全管理人员，明确他们的具体职责，严格按要求开展安全管理活动。建立施工安全管理标准化体系，实现对公路施工全过程的安全管理与控制，有效预防安全事故发生。提高安全管理人员的责任心，落实安全管理各项措施，加强施工现场巡视并及时排除安全隐患。重视施工现场用电安全管理，机械设备操作安全管理，定期和不定期开展检查活动，防止安全事故发生，让公路工程建设取得更好效果。

前言

目　录

第一章　道路与桥梁的施工与管理

第一节　道路与桥梁的施工技术

随着社会经济的不断发展，人们对道路的需求也日益增加，道路桥梁作为道路交通的重要环节，带动经济发展的重要性逐渐凸显出来。但是在道路与桥梁施工中，由于技术方面的问题，依旧存在一些不足之处，本节就当下我国道路桥梁施工技术中的问题进行分析，旨在提高道路与桥梁施工技术水平，确保人们的出行安全。

一、道路与桥梁施工技术存在的问题

（1）裂缝、侵蚀问题。在道路与桥梁建设过程中，引起裂缝、侵蚀的原因非常多，如使用不合格混凝土、过程中偷工减料、侵蚀原因或后期维护不到位等，这些原因都有可能引发道路桥梁裂缝。一旦出现这种问题，不仅会造成道路质量不佳而且影响车辆行驶的稳定性和安全性。此时，倘若不进行及时的后期维护与修缮，侵蚀的现象还会进一步加剧，致使道路桥梁的传授载荷难以支撑车辆，从而造成安全事故。

（2）模板安装问题。在道路与桥梁工程施工过程中，模块安装也是其中的一个重要环节，如果这一环节出现问题，同样也会对道路与桥梁工程质量安全造成隐患。造成模块在安装出现问题的原因主要包括以下几个方面：一方面，模块方面。如果模块不够整洁，表面凹凸不平，在安装的时候自然会受到一定的影响；另一方面，黏合剂的质量问题。黏合剂是将各个模块连接一起的物质，它的质量问题直接关系到道路和桥梁工程的质量。质量优良的黏合剂，不仅可以确保模块的粘合度，而且可以保持粘结痕迹的平整度，使得道路桥梁工程的外观更加美观。

（3）桥头跳车问题。由于道路桥梁施工涉及的内容较多，其中一个环节出现问题，必然会对后续工程造成一定的影响，进而延长工程的过期，使得工程的成本增加。例如，在道路与桥梁施工中，有时候会出现渗水漏水、路基软化、材料质量不合格等问题，这些因素会使道路桥梁工程的结构问题增加，进而导致道路桥梁的现状发生位移和变化，引发桥头跳车情况，造成道路桥梁质量问题。

（4）排水问题。道路与桥梁工程还包括许多分工程项目，例如排水问题、行道树建

设，其中排水问题也是影响道路桥梁工程质量的主要原因。究其原因，造成排水不畅的原因主要有道路桥梁工程设计不科学或者是施工技术等问题。虽然有的施工单位的确是按照道路与桥梁设计方案进行施工，但是由于设计人员在工程设计阶段没有按照当地的实际情况进行设计，因此造成设计的排水系统出现问题。除此之外，有的施工单位为了追求经济效益，在施工的过程中，使用一些质量不合格的设备和材料，造成排水系统排水不畅，一旦出现大雨和暴雨天气，对交通运输情况造成不良影响。

二、道路与桥梁施工技术分析

（1）路基施工。路基施工是道路桥梁施工中的一个重要组成部分，路基施工技术的关键在于压实和碾压工作，在具体施工过程中，一定要结合国家关于道路施工的标准和规范，选用适宜的施工设备对路基进行压实。在压实路基时，应该考虑桥头跳车情况发生的可能性，并做好必要的预防措施。

在道路桥梁工程中，首先必须优先考虑地基的受压情况，由于施工前与施工后地基所受到的压力发生了巨大变化，因此，在施工之前一定要注意地基的稳定性。例如，在进行桥梁施工工程项目时，为了避免在施工过程中出现地基断裂的情况，在施工中要及时对路基进行压强测试。同时，对于在道路桥梁过程中可能出现的安全隐患，也要采取必要的措施，定期对施工进行检测，以免发生安全隐患对道路桥梁工程质量问题造成影响。除此之外，可以在道路与桥梁工程所施工地点设立护栏，不仅可以将施工场地与周边地区隔离，减少施工对于周边居民的影响，同时减少施工安全事故发生的概率。

（2）路面施工。要做好路面施工工程，首先要准备好必要的施工材料并严格审核建筑材料的质量，审核合格的建筑材料应该进行妥善保管，以免由于自然原因而影响建材的质量。因此，为了确保材料的质量，一定要对其进行定期的检查，从根源上提高道路与桥梁工程的质量安全。其次，在道路与桥梁施工中，对所有资源进行科学配置，这样不仅可以降低各项资源的浪费，提高资源的利用率，而且促进工程的进度加快，将道路与桥梁工程施工的工期缩短；再者，对于在施工过程中所涉及的施工参数以及标准数值等数据也要进行严格的验证，不能随意设置相关数值，以免在过程中出现误差，进而引发重大的安全事故，威胁到施工人员的生命财产安全。最后，在地面施工的时候，要注意施工所在地的具体运输情况，在施工时进行必要的交通疏导与管制以免车辆行驶对施工造成阻碍，同时减少施工对周围居民正常生活的影响。

（3）桥梁部分。桥梁施工是道路工程中的重点和难点，除了施工技术的要求较高之外，同时在桥梁存在诸多隐形问题影响工程的质量安全。因此，在桥梁施工过程中，除了要做好各项桥梁施工之外，对于其中的附属工程也要加以重视，对旁站进行严格监督，进而强化桥梁部分的质量安全，从整体上提高道路工程技术水平，确保车辆的运行需求。尤其是在安装模板的时候，一定要保持模板的整洁度与平整度，这样在安装的时候才能够保证桥梁的稳定，使模块之间的接缝处也更加密封。在桥梁过程中，有时候会用到一些产品构件，虽然他只是一个不起眼的部件，但是如果其质量存在问题，也会对道路桥梁工程整体安全性埋下隐患，因此，为了提高桥梁的质量水平，严禁使用质量不合格的材料。

（4）附属工程。在道路与桥梁工程施工中，还包含有许多附属工程，如护坡工程、排水工程和路肩工程等。由于自然原因，降水也是影响道路桥梁施工的主要因素，在降水时，水流对路面进行冲击和侵蚀，因此，一定要重视护坡和护肩工程，使其符合工程质量要求，确保道路的密实度。在路肩施工时，除了要设计适合的方案之外，也要考虑好耗材问题，减少工程成本。

综上所述，我国道路与桥梁工程施工技术还存在一些不足之处，影响道路质量，因此，针对这一问题，应该不断完善道路桥梁施工技术，对路基工程、路面工程、桥梁工程和附属工程技术进行不断的优化，促进我国道路建设事业的进一步发展，使其更好地推动经济的发展。

第二节　道路桥梁的施工和加固

交通道路桥梁工程是集设计、施工和工程管理为一体的具有较强实用性的工程。工程质量的好坏主要与施工材料、温度、结构等有关，想要解决这一质量通病，必须要针对其成因采取有效的防范措施，提高我国道路桥梁工程的完工质量，让车辆能够安全行驶，保障城市之间经济交通的畅通。

一、交通道路桥梁的施工加固中存在的问题

（一）交通道路桥梁施工的监督不完善

监督不完善，质量不过关的情况时有发生。为了确保交通道路桥梁建造的质量过关，我国在交通道路桥梁施工时会成立联合督导小组，监督道路施工情况。然而，一些地方难免会出现监督监管人员和施工方相互勾结，串通一气的现象。施工方为了减少修路成本，采取偷工减料，缩短工期，使用劣质建筑材料修路，这样的道路在质量上不过关，但是由于监管部门视而不见，所以在道路使用后就容易出现塌陷、断裂或被雨水冲毁的现象。

（二）后期无人养护的问题

超重车辆碾压对于道路桥梁的压力很大，即便是质量再好的道路桥梁，如果后期没有得到很好的养护，那么道路桥梁的使用寿命也会大打折扣。所以不仅要把道路桥梁修好，后期道路的养护也很重要，道路桥梁出现需要修补或是问题要及时解决，这样才能避免更加严重后果的出现。一般情况下，道路桥梁走小轿车、公交车是没问题的，但是如果是超

重量的大卡车、拉货车，车辆会对道路桥梁就会造成很大的破坏，即便是再好再结实的道路桥梁也会很快坏掉，变得坑洼不平，给人们出行带来很大不便。

（三）交通道路桥梁过渡段的施工技术

对于交通道路桥梁过渡区的建设，首先要选择填料做更好的选择，在道路桥梁开始建设之前，就应该对所选择的各种填料进行一定的试验从而确保道路桥梁的建设选择是最佳的填料。道路桥梁过渡区建设选择填料的主要指标是材料的液限和塑性。根据压实试验进行摊铺厚度关系的分析，这样就可以得到各种填料在交通道路桥梁过渡区建设上的技术指标，就可以选择最合适的填料来进行交通道路桥梁过渡区的施工。使用局部填料时，一定要保证填料的透气性好。在确定填充施工时，按照设计的填充，在分层填筑施工中，每层压实厚度不应大于 5cm。由于滚筒用于土壤压实，在保证平台的前提下，必须保证填料的压实度可以达到工程标准。

（四）路基填筑施工技术

因为每种交通道路桥梁路基填料的生产标准是不同的，这就导致每一批的路基填料使用性能会在工程当中有较大的差异，而在这种形势下，必须对路基的设计严格考虑，在交通道路桥梁路基填料施工的具体过程中根据路基填料的实际表现进行选择。填料的充水性直接影响到压实路基的效果，必须要调整路基填料的含水量，让它能达到最好的路基压实效果。

二、交通道路桥梁加固的技术措施

（一）交通道路桥梁上部结构的加固技术

对交通道路桥梁上部结构病害的加固方法主要有两种类型：第一，节点转换必须干燥，然后用钢膜片规格焊接和断筋。同时，还需要增加钢筋隔膜边缘的数量，这些任务完成后再进行混凝土浇筑；第二，在交通道路桥梁 T 梁隔板的下缘进行打孔，然后用螺纹钢筋穿过孔洞达到钢垫板的效果，然后对横隔板施加预应力。交通道路桥梁上部结构的加固应通过锚具进行。在正常的情况下，可以使用环氧砂浆或聚合物砂浆作为交通道路桥梁上部结构的防腐材料。如果上部结构的板梁铰节点损坏或单梁承重现象，必须在混凝土铰缝上进行清理，然后在类似的钢板中使用，并与铰缝连接在钢筋混凝土中进行浇筑施工。

（二）交通道路桥梁加固桥墩裂缝

交通道路桥梁桥墩裂缝现象是一种常见的病害现象，在发现病害后，第一步是对交通道路桥梁桥墩的裂缝进行密封处理。如果裂缝是由荷载力过大造成的则需要在桥下加钢，但实际上有很多的交通道路桥梁并不能满足桥下加钢的附加条件，这时候需要用钢板和钢筋砂浆锚固钳打桥墩。这是由于路基沉降不均匀造成的，因此有必要对小范围地方进行砂浆灌注。除了钢筋或钢筋混凝土墩箍加固位置。钢筋混凝土薄壁桥墩在垂直裂缝的混凝土强度都应进行测试，如果混凝土强度大于 C25，可采用粘贴钢板加固桥墩的方法，如果混凝土强度达不到 C25 就采用扩大桥梁的处理技术。在此期间必须添加额外的钢，对桥墩的荷载进行分流。

（三）交通道路桥梁桥面铺装病害的加固技术

交通道路桥梁路面与桥面铺装病害风险。在这种情况下，交通道路桥梁应采取局部修补路面和桥梁养护的方式，保证经济维护。如果路面层的破坏更严重，必须对原有的路面层进行清理和切断并对防水水泥混凝土路面进行增稠处理。如桥梁病害，应铺设双层钢网并增设防水层。在施工前要进行防水层凿，为了使粗集料水泥混凝土，清理后使用 4～5cm 厚的改性沥青混凝土进行铺装。

（四）混凝土的施工技术

当前，我国大部分交通道路桥梁建设是混凝土作为主要材料，混凝土在施工过程中的主要方案是混凝土的搅拌、浇筑和振动。在道路桥梁施工中应采用钢纤维混凝土，混凝土时应注意原料混合的顺序，首先对水泥搅拌后投入粗骨料、钢纤维混凝土，搅拌采用强制搅拌机，应保证混凝土的均匀性以及没有成组现象出现。在振动中应使用板振子。浇筑混凝土的尺寸和钢模板之前必须仔细检查埋入构件的位置，还要检查模板表面的清洁润滑、模板的密封性。浇筑方法可分为：一个浇筑、分两层浇筑。具体的施工方法直接影响混凝土稳定的密度，这是关系质量的关键因素，因此必须依据具体的系统容量、密度和稳定性因素，同时输送距离、输送速度、温度以及振动速度等基本因素，要对混凝土浇筑过程精心安排。

（五）交通道路桥梁的粘钢加固技术

所谓粘钢加固法是指在交通道路桥梁钢筋混凝土结构构件承载一定的钢板表面。该方法可保护原混凝土构件，施工工艺简单，工作荷载小，设计计算简单，结构计算简单。然而在实际施工过程中，钢板的重量过大，操作受限。固化剂固化后，脆性明显，结料耐久性难以保证。此外，钢和橡胶界面有一些潜在的腐蚀。

（六）交通道路桥梁的锚喷加固技术

随着喷气混凝土机和加速器的发展，喷射混凝土、螺栓、钢丝网一起，推动锚固技术的完善。实践证明，锚注技术可以应用于桥梁上部结构的加固。硅喷混凝土材料在材料和结构上与普通铸造相比具有许多优点。交通道路桥梁施工时应添加到加速器，因为其具有强度高、快凝早的特点；锚喷技术不使用或使用侧模板、运输、浇捣合并成一个程序，因为其设备简单，占地面积小，机械化施工，速度快、效率高、省力程度高，可设计强，根据需要可以喷在各类结构下形成的拱，施工中不中断交通。

只有重视交通道路桥梁建设项目施工过程中的施工技术，才能使建设项目工程能够较快完工，减少民众时间上的浪费以及政府的财务支出。

第三节　道路桥梁路基处理技术

道路桥梁工程施工期间，路基是其中的重要组成，路基施工质量直接决定道路桥梁工程的最终效果。路基在道路桥梁工程中的作用是承载路面车辆给予的压力，若存在质量问题会威胁到路面行车安全。受经济建设影响，交通行业面临更加严苛的要求，尤其是道桥交通安全方面。为了保证施工质量，路基处理技术的应用非常重要。

一、路基处理技术种类

（一）路基填筑技术

正式开始路基填筑施工前，工作人员要全面清理路基施工现场，清理的重点包括影响工程与路基质量的杂物、施工垃圾等。一般组织道路桥梁路基部分的施工时，有时可能会出现施工现场环境控制不到位的现象。所以，施工现场清理的过程中，如果出现坑洞必须要及时处理。后续施工环节，因为填筑路基材料质量与工程整体质量有紧密的联系，所以需要加大控制力度，按照施工现场土质情况、地理环境等诸多因素做出最佳选择。实际组织道路桥梁路基施工，为了保证填筑效果，可以选择分层次填筑这种方法。填筑过程中根据施工图纸要求与工具性能控制分层厚度。道路桥梁施工期间压实路基、密实程度都是分层填筑作业必须要注意的要点，填筑方式的选择要以现场施工现状为依据，必须要保证填筑方式与路基情况相符，提高施工质量。

（二）路基压实技术

组织道路桥梁路基施工期间，必须要保证加固性与稳定性，其中最为常见的影响因素即压实路基环节。现场压实作业难免会面临人为因素、地理环境带来的影响，这两点也是需要着重关注的问题，主要原因在于道路桥梁压实效果面临诸多影响因素。路基压实过程中，需要充分考虑现场的土壤质量和路基湿度，提前制定相关问题的解决方案，压实施工环节用到的压实工具、工程土壤分层厚度必须要统一。

道路桥梁路基压实这一项作业，路基土质、含水量也是工作人员分析的要点，同时要选择质量高、性能佳的压实设备，确保土层厚度能够接受逐层压实。具体组织施工，必须要设置指导监督人员，工作过程中发现的影响道路桥梁质量、密实性的问题要及时提出，提高路基质量的同时也能够延长道路桥梁项目的使用期限。

（三）基层构筑技术

道路桥梁工程施工期间，一般会在基层位置铺设石料与石灰土，以此来保证路基部位的稳定性，也为之后环节的施工做好准备。然而作业过程中有时会出现一些问题，比较常见的有材料配比或搅拌不均匀。这就需要工作人员深入分析问题，通过现场情况的综合考量提出有效的解决方法，规避材料带来的恶劣影响，提高道路桥梁工程的坚固性。

二、道路桥梁路基处理的要点

路基填土和压实环节是道路桥梁路基施工中的关键内容，与工程质量有非常密切的关系。实际施工期间道路工程路基填土所使用的技术、材料要求非常严格。特别是道路桥梁工程，路基填土、压实技术是后续环节的基础与前提，也是所有流程中非常重要的一步。因为路基填土、压实决定路基是否稳定，所以关于路基填土与压实在路基处理中的应用，需要注意以下几点：①选择符合路基填土要求的原材料。道路桥梁所使用的路基填料必须要按照标准要求进行选择，一般路基填土有路床、路堤填土两种，桥梁基础中桥梁台背填土是其中最为关键的一种。施工期间如果没有严格参照现有规定组织施工或者选择原材料，便会导致桥头跳车等问题，严重影响道路桥梁的正常使用；②道路路基压实环节需要选择吨位较大的压路机，以此控制路基的压实度。具体在路基施工过程中，对于现场的各个施工路段要选择不同的路基处理技术。

三、道路桥梁路基处理技术应用

（一）应用于路基排水环节

道路桥梁路基稳定性的一项重要影响因素便是水，若路基含水量较大，不仅会降低道路桥梁强度，还会缩短其使用期限，不利于后期投入使用。因此，道路桥梁施工期间，路基处理技术可以在排水环节应用。作为决定道路桥梁质量的重要环节，排水工作非常关键，具体在组织路基施工期间做好排水工作，能够有效规避水对于道路桥梁路基带来的破坏，保证路基质量。鉴于此，道路桥梁路基排水处理，需要从地面排水着手展开，这是道路桥梁路基施工的一个重点。施工人员需要分析地面排水基本情况，制定施工质量管理方案，针对地面排水中存在的质量问题需要及时解决。另外在地下排水中，道路桥梁工程更多采用暗沟排水和盲沟排水两种形式。那么在施工期间，施工单位则要按照施工具体需求选择最为适合的排水方式，可以最大限度地避免排水环节出现质量问题。对于路基排水而言，其作用是规避雨水对于土壤的侵蚀，这就需要施工人员加强重视，综合考虑道路桥梁工程所在地理环境，确定水系流向、强度与引流方式，将工程的含水量控制在要求范围以内。

（二）应用于路基养护环节

路基养护的主要目的是提高道路桥梁路基质量与稳定性，保证后续施工的正常进行。道路路基养护技术的使用，主要体现在冲刷防护和坡面防护这两点。由于路基在施工过程中暴露在外，外界环境很容易对其造成影响，导致路基破坏，降低路基强度且影响稳定性。因此，路基施工时，施工单位务必须加强路基养护力度，安排专门的负责人，定期检查路基情况，落实养护工作。同时，如今，道路桥梁施工效率不断提升，坡面养护得到相关人员的重视，为了保证道路桥梁质量，必须要深入展开路基坡面防护，结合施工现场路基的基本情况选择合适的养护措施，比较常见的有种草防护、砌石防护两种。

（三）应用于软土路基处理环节

针对道路桥梁路基处理技术的应用，软土路基处理也比较重要。现场施工人员对于软土路基技术的操作水平决定着道路桥梁路基的强度以及使用期限。①灰土挤密桩的应用。如果路基含水量过大或过小，可以选择灰土挤密桩。施工期间软土层含水量大，建议添加石灰粉，若是软土层含水量较小，要在软土层内部增加水，使灰土挤密桩性能发挥到最大；②道路桥梁路基当中应用轻质材料，有利于提高路基强度，确保道路桥梁工程的有效应用。为了保证各个材料比例控制到最佳，可以组织重型击实试验，最终得出的最大干容量控制在 $9 \sim 12 kN/m^3$ 之间，粉煤灰可塑性能差，黏性不足。如果液限为 65% 左右且最佳含水量在 37% ~ 41% 区间，证明其压实效果达到最佳。当试验结束之后，采用粗粒土将路床顶面封闭处理，厚度控制在 0.3 ~ 0.5m 区间为最佳。

综上所述，道路桥梁路基处理技术的应用，一方面有利于提高路基稳定性与强度，延长工程的使用期限，另一方面则能够完善道路桥梁工程路基施工方案，积累丰富的施工经验，解决路基施工中的常见质量问题，通过先进技术的应用提升道路桥梁工程质量，保障安全出行，也为相关工程的施工与管理工作提供参考。

第四节　城市道路桥梁施工和管理

随着我国国民实力的提升，城市道路桥梁设施不断兴建，其质量关乎民生问题，得到社会广泛关注。在道路桥梁工程施工中，安全管理至关重要，需要做好各项准备工作，严格遵守安全生产制度，严把施工质量关。针对目前施工中存在的问题，施工企业要不断提高从业人员素质，提高养护重视度等，来真正提高道路桥梁施工质量和管理水平。

我国道路桥梁施工技术不断创新和发展，但在实际施工中仍存在各种问题，对施工质量和施工效率影响很大。如果工程质量无法保障将会影响到道路桥梁后续使用。作为系统性工程需要进行动态管控。为有效提升工程质量，要掌握安全管理办法，不断探究安全施工技术，认识到质量管控的重要意义。

一、施工安全管理的意义

道路桥梁工程施工的安全管理是对施工中物、设备、人员等管理和控制，对于整体工程质量非常重要。施工安全不仅会影响到工程自身质量也关系到人身安全。因为道路桥梁质量不过关很容易发生各种安全事故，比如桥梁塌陷等。因此要对道路桥梁施工进行规范化管理，使各项施工有条不紊地进行以此来确保工程质量提升。施工安全管理也关系到企业的效益，因此要重视安全管理工作。在道路桥梁施工中要将安全生产放在首位，结合现场情况，不断优化管理体系，在施工中明确各方责任，做好安全教育，确保施工安全。

二、道路桥梁施工和管理目前存在的问题

道路桥梁施工中存在的问题主要有：桥梁主体结构方面问题，桥梁的基础工程出现问题会发生很多风险，比如基础承受力不足，基础下沉及基础位置不正等；临时工程方面问题，在实际施工时会发生很多不可控事故，其中脚手架事故最为频发，由于局部坍塌或整体坍塌等事故，不仅会影响到工程进度还会威胁到施工人员安全。在施工过程中还有运输材料问题，运输中需要依靠浮吊等大型设施，这些在后期使用、维护时都有很多危险因素。这些临时性设备如果维护不及时以及环境因素等，会有各种潜在威胁。施工中使用到的架桥机等设备，一般比较大型，重量很大，使用中也存在一定的危险。

三、提高施工管理质量的措施

（一）增加投入，加强技术创新

根据调查显示很多道路桥梁出现质量问题的因素在于地区资金投入不足，在施工材料、施工技术方面缺乏资金支持。因此要加大道路桥梁资金投入，重点在技术创新方面，同时确保工程所需购买材料资金充足，材料合格，保证项目正常开展。对于技术创新施工企业要单独投入资金。要结合施工企业情况和工程进度，不断加强施工技术研究和探讨，安排适当经费专项投入，有了先进的技术保障才能实现提升施工质量目标。

（二）加强专业人才培养

施工中人为操作不当引起的质量问题也比较多，因此施工企业要重视专业人才培养工作。要求施工人员按施工要求严格操作同时具有一定的专业知识。为有效提高整体施工质量，人才培养工作必不可少。施工企业要认识到培养专业人才的重要性，积极引进经验丰富，水平高的技术人员，从而提升整体队伍质量。管理人员在招聘环节要严格按流程操作，优先选择综合素质强的人员。同时通过制定培训计划，提高人们技术水平，发挥人员的最

大价值。随着道路桥梁工程的不断更新，施工技术人员也要与时俱进，提高自身素质，使施工技术人员素质能满足施工需要。

（三）加强质量体系建设

道路桥梁工程比较特殊，整体施工流程需要单独制定，以此来减少质量上的差错发生。因此施工企业要不断完善制度建设。由于道路桥梁技术要求比较高，要重视技术管理。企业管理部门要不断完善技术管理方面制度，并落实到具体个人，相关技术档案定期完善并详细记录事故原因和解决措施等，来为技术人员提供技术方面的数据支持。还要严格规范员工操作流程，避免由此导致的事故发生。施工企业的技术监督管理部门负责对整个施工过程的监督，要求监督人员要掌握各种技术的具体运用，更好地促进施工安全管理工作。在建设施工团队制度时，还要不断完善工程保养工作，避免后续保养工作不到位影响的道路路面问题。

四、加强安全管理对策

（一）做好安全准备工作

施工企业要深入施工现场，将理论和实际有效结合，在实地考察后，全面掌握施工现场情况，科学设计施工图纸。安全管理员要做好现场勘察工作，在施工前做好施工计划和过程安全管理。施工计划包括：施工整体方案、责任制度等，施工方案要明确规章制度和安全防护措施等。还要落实详细施工操作流程，让施工人员熟练掌握工艺和操作技术并掌握施工相关措施，让各施工人员牢记施工安全意识。

（二）制定科学的规章制度

施工安全管理范围比较广，包括人员、设备、环境等，要根据施工环境不同，制定相应的安全管理制度。安全管理制度不能照搬，要求有针对性，以更好地防范安全事故发生。如果环境比较特殊，在制定制度时，要细化安全生产制度，要全面考虑，切合实际施工情况。同时要在实际施工生产时，落实所制定的规章制度，发挥其作用以保障施工安全。

（三）强化安全管理的意义

施工中的安全管理如果不严格，很容易导致人身伤害和财产损失。因此城市道路桥梁工程施工质量也是社会发展需要，可以推动社会建设。要认识到施工安全管理的重要意义，施工企业要健全安全管理制度，在安全管理中有章可依，还要普及和教育施工安全知识，让施工企业重视安全管理，并落实施工安全管理，采取措施减少安全事故，推动行业发展进步。

综上所述，我国经济进入高速发展时代，城市道路桥梁工程数量急剧增多，但近年来道路桥梁质量问题时有发生，由于其工程比较特殊，质量问题与人们生活紧密相关甚至会影响到人们生命财产安全。因此施工企业要认识到存在的不足，严格把关工程质量，充分认识到工程安全管理的重要性，采取多种措施来对施工质量进行把控，从而确保整体工程质量合格，保证后续正常使用，提高施工和管理质量。

第五节　道路桥梁病害与防护

随着我国经济建设的不断发展，经济生活水平的日渐提高，城市化建设的突飞猛进，人们开始追求高品质生活的同时，旅游、出行已成为民众日常生活中不可缺少的一部分，道路桥梁建设显得尤为重要，然而，我国的道路桥梁建设管理中却存在着一些不尽人意之处，需要道路桥梁建设及相关职能部门人员共同努力，不断完善桥梁建设管理工作，为人们更好地出行保驾护航。

一、道路桥梁的常见病害

我国是一个土地资源使用大国，人口众多，道路桥梁是广大民众出行的重要媒介，而今诸多道路桥梁问题一直困扰着人们，下面简要介绍道路桥梁主要存在的一些问题：

（一）道路桥梁裂缝问题

道路桥梁裂缝问题是当今桥梁建筑中最为常见的一种桥梁病害现象，是一项亟待解决的桥梁建筑安全质量问题，桥梁裂缝形成原因有多种，如建筑材料选择不当、建设初期设计不合理、桥梁承重力负荷、施工单位施工技术不专业、自然因素等原因，裂缝一旦形成会影响桥梁的安全使用性能，就道路桥梁裂缝程度而言，轻度的裂缝会影响到建筑物的美观度、乘车出行的舒适度，重度的裂缝会影响人们行车安全，无论是轻度还是重度的裂缝问题如果不及时加以补救，长此以往给人们的安全出行带来一定的安全危害。

（二）道路桥梁路基沉降

道路桥梁建设对地质、地貌要求很高。施工单位在选择某些地质条件较为不稳定的地质情况下施工建筑道路桥梁，若没有对地质条件进行仔细勘察，道路桥梁实际承载重量超出了地质本身所能承受的极限压力，会使地基出现不规则的沉降现象，道路桥梁也随之发生沉降，引发桥体断面、裂缝和变形等现象发生，降低桥梁的安全使用性能，对人身安全带来潜在的安全隐患。

（三）混凝土碳化

建筑混凝土是一种复合型材料，主要成分为：水泥、砂（细骨料）、石子（粗骨料）、矿物质合料、外加剂等，其中含有氧化钙、二氧化硅、三氧化二铝等化学物质，当这些化学成分遇到空气中的二氧化碳或者在酸性条件下发生化学反应，导致道路桥梁的混凝土碳化，混凝土碳化后，使道路桥梁的硬度与承重能力降低，长期处于碳化环境下，加之车辆的不断碾压，桥体会出现混凝土剥离、脱落等现象，严重缩短道路桥梁的使用期限，破坏桥梁的安全性能。

（四）剥蚀及钢筋锈腐

剥蚀作用就是指物质在受到其他介质的作用下，使其脱离了它原本的位置。剥蚀作用使得道路桥梁的外观发生破坏性变化，如桥体混凝土发生脱落、钢筋外露、桥面起皮、坑洼状路面等，当道路桥面发生剥蚀后，雨水、空气中的氧气、二氧化碳等物质从剥离后的混凝土缝隙中侵蚀桥体，使得支撑桥体的钢筋锈化、腐蚀、变形等，而钢筋生锈后，它的抗压能力、柔韧度减弱，使桥梁承重能力降低，重物压制下导致桥体表面出现裂缝，加之钢筋生锈、腐蚀后，表面会产生化学反应产生物，多呈现褐色，从桥体裂缝中渗透出来，既影响道路桥梁的使用年限又影响桥体美观度。

（五）其他病害

道路桥梁病害出除了以上人员原因外，还存在一些外界不可抗因素导致的病害，如山洪冲击、地震损害、寒风烈日、山体滑坡、温差骤变等等外界因素，这些病害原因是人为不能控制的自然病害。

二、道路桥梁的防护措施

（一）裂缝问题防护

道路桥梁裂缝问题不是一个简单的措施就可以防护、避免的，需要从建筑的源头抓起，以下简要介绍几个方面：

1. 建筑材料选取

建筑材料选取的好坏直接影响到道路桥梁的建筑工程质量，如砂石、水泥型号、混凝土、钢筋等的选取，在建筑材料选取时，施工单位要对所采购的建筑材料严格把控，不得以次充好、不得以假乱真。需要施工单位人员有较强的责任心和职业操守，对不合格的建筑材料坚决不予购买，只有合格的建筑材料才能更好地保护道路桥梁的安全使用性能。

2. 弥补设计缺陷

道路桥梁设计者要实地考察地质、地貌，针对不同地区地形特点全面考虑，设计合理的路桥建设方案，如该地区车流量大小、车辆类型、桥面承重力、地质负荷等，从源头上管控桥梁裂缝的形成。

3. 提高施工技术

施工单位施工人员多为非合同制人员，即雇佣当天即可上岗作业，未经过统一的岗前培训，人员的专业技能参差不齐，要求施工单位将员工岗前安全操作技能培训列入日常重点工作中，加强对专业技能人员的专项培养，提高施工技术。

4. 加大维护力度

道路桥梁建筑中裂缝一旦形成变成为一种不可逆的危害，管理人员要及时查看桥梁损害情况，常用"灌胶"技术，将裂缝缝隙清理干净，表面无尘土和杂物，将胶体灌入缝隙中，使之凝固。

5. 增加整体面层

当路桥表面裂缝数量增多，分布广泛时，需要在路桥表面再增加一层砂浆抑或是整体重新铺设桥面。

（二）做好地质勘查工作

地形勘察为道路桥梁初期建设工作重点，在设计之初现场查看施工地段，可以及时了解所处建筑地带的地质特点，实地勘察工作要认真仔细，不得敷衍了事，要把广大民众生命财产安全放在首位，认真、详细地记录施工现场的土质情况、地形特点等，根据实地勘察结果及结构构造，制定出合理的设计方案，确定桥梁的整体承载能力。如土质较为松软，建筑者则需重点加强地基的加固设施，防止因地基不稳固导致的桥梁不均匀沉降现象。依据道路桥梁的极限承载量，对往来车辆载重进行管控，对于超载车辆严谨驶入。

（三）混凝土碳化

因混凝土中含有氧化钙等碱性物质，而空气中的二氧化碳、酸雨等呈现酸性，酸碱发生化学反应，因此，杜绝混凝土碳化的最好途径就是隔绝空气，防止混凝土内部的物质与之接触，切断反应介质。最常用的方法为在混凝土建筑表面涂上漆料，可以有效防止混凝土与空气中的酸性物质接触。而在当今建筑的技术条件下，在混凝土中加入适量的缓蚀剂，可以使混凝土碳化速度有所降低，提升道路桥梁的使用寿命。

（四）工程表面缺陷修复

（1）修补砂浆的修补方法：修补砂浆作为一种混凝土结构表面的缺陷和加固的专用水泥基聚合物砂浆，该砂浆具有较高的重物抗压性、表面抗裂性、防水性能及粘合性。当路桥表面发生轻微缺陷现象时可以使用。

（2）混凝土的修补方法：当路桥表面形成严重损害时，如剥离、剥蚀、钢筋腐蚀和桥面发生老化等大面积严重损伤时使用。

在我国经济发展的大趋势下，城市化建设的进程已逐步深入人们的生产生活当中，道路桥梁建设也随之迅速发展起来，路程遥远、山路陡坡等已不再是阻碍人们出行的因素，而道路桥梁建设中仍然存在一系列问题，道路桥梁安全质量提升迫在眉睫，需要道路桥梁设计者、施工单位、相关职能部门等多方配合，共同提升道路桥梁安全使用性能，延长道路桥梁使用寿命，为广大群众出行带来方便。

第六节 道路桥梁混凝土施工技术

混凝土施工技术作为道路桥梁工程建设的一项重要技术，极大程度上保障了道路桥梁工程建设的质量。基于此，本节概述了混凝土施工技术，对混凝土施工技术在道路桥梁建设中的应用进行了探究并进行案例分析。

一、混凝土施工技术概述

混凝土是一种混合物，是以水泥、粗（细）骨料、砂石、水等为原料，按照一定比例进行搅拌形成的混合材料。混凝土材料具有抗压能力强、取材方便和成本低等优点，在工程项目建设中得到了广泛的应用。混凝土施工技术是以混凝土为主要施工材料的一种施工技术，其主要内容包括：混凝土的配制、搅拌、运输、浇筑、养护等。实际上，混凝土施工技术在道路桥梁工程建设中应用比较广泛，在一定程度上提高了道路桥梁的质量，为人们出行提供了安全保障。

二、混凝土施工技术在道路桥梁施工中的应用

（一）道路桥梁中混凝土施工前的准备工作

当道路桥梁工程应用混凝土施工技术时，在混凝土施工前，应做好一系列的准备工作，主要包括以下几项：（1）严格审核施工图纸，施工方、工程业主、工程监理、设计部门等应一起对施工图纸进行审核和研究，如果发现图纸中存在问题，应及时有效地进行讨论并解决，从而保障图纸的科学性和可靠性；（2）施工单位应了解和掌握工程的实际情况并以此为基础制订工程项目施工组织计划、详细的流程和进度，从而保障工程施工各个项目的有序进行；（3）施工单位要与工程施工队伍进行技术交底工作，让施工人员了解和熟悉工程内容、工艺要求、施工进度和流程等，从而保障工程施工的进度和质量；（4）还要做好施工机械设备的检修工作，保障其在工程施工过程中能够正常运行。

（二）严格控制混凝土的配比

混凝土配比是决定混凝土性能的一个重要因素。科学合理的混凝土配比能够保障混凝土的性能从而保障道路桥梁的工程质量。因此，应对混凝土配合比进行严格控制。为了保障混凝土配比的可靠性，应注意以下几点：（1）以道路桥梁工程的实际情况为基础，按照工程标准要求对水灰比和坍塌度进行有效控制，从而减少或者避免泌水情况的出现；（2）对混凝土的初凝时间进行有效控制，从而保障混凝土的施工质量；（3）应保障原材料的高质量，即水泥可选择高强度的硅酸盐类，骨料可选择高强度、颜色和产地相同的石料，

细骨料选择中粗砂等，通过高质量的原材料来为混凝土的强度提供保障；（4）需要加入减水剂时，应选择高效能的减水剂，必要时可掺入性能好的矿物质，从而提高混凝土的性能。

（三）混凝土模板工程施工

就混凝土施工技术来说，模板工程是必不可少的，其是保障混凝土稳定性和外形的重要工程。在利用模板施工技术时，应根据道路桥梁工程的实际情况和施工特点，科学合理地设计和选择模板，使其满足各方面（硬度、强度、稳定性等）的要求。另外，应根据不同的结构选择相适应的模板材料，比如：复杂的构件可采用竹胶模板，比较规则的构件可选用钢结构模板等。总之，科学合理地选择模板材料、运用模板施工技术，能够在一定程度上推进混凝土工程的施工。

（四）混凝土的浇筑

为了保障混凝土的最终质量，在浇筑混凝土之前应对其进行坍落度检测，确保混凝土材料质量合格。在混凝土浇筑的过程中，通常采用分层浇筑的方法。分层浇筑过程中，应保障浇筑的连续性，上下层之间的融合性，从而提升道路桥梁的整体质量。另外，应严格按照规定进行施工缝的留设，保障混凝土构件能够满足受力的要求。在每层混凝土浇筑完成后，应及时对其进行有效地振捣，使得混凝土中的空气完全排出，从而达到上层与下层充分融合的目的，进而提升道路桥梁的施工质量。

（五）混凝土的养护

养护阶段是决定混凝土质量的重要阶段，养护管理的好坏直接影响混凝土的最终性能。就混凝土养护来说；主要是对混凝土水化作用的管理，具体来说，通常在浇筑完成12h内，用塑料薄膜或者其他覆盖物将混凝土覆盖起来，并进行适当的洒水，确保混凝土中的水分，从而保障混凝土水化作用的实现，进而保障混凝土的凝结质量。另外，在混凝土达到强度标准规定时，才可以进行模板的拆除工作。在拆除模板后，要对混凝土施工过程中出现的气泡、麻面、表面浮浆等问题进行及时处理从而达到混凝土施工质量的要求。

三、水泥混凝土路面施工案例分析

（一）工程概况

本工程为改造工程，相关的工程量有：该道路路基、路面的宽度分别为5.9m、3.5m，行车速度为40km/h，总的路面工程量15 851m²，厚度为200mm，选用的是C25水泥混凝土。

（二）施工准备工作

在水泥混凝土施工前，应做好各方面的准备工作。具体而言，包括以下几个方面：（1）施工人员、机械设备、材料的准备工作，制订相应的进场计划，从而保障水泥混凝土工程顺利施工;(2)施工技术交底,向施工人员介绍本工程的实际情况,使他们了解和熟悉工程的施工特点、工序和进度安排等,并强调工程项目施工要求和安全,从而保障混凝土的施工质量;(3)要做好施工现场设备设施的准备工作,即施工场地、供电供水设施、临时道路等,从而为后续的施工奠定基础;(4)清理路基表层,并进行路基压实工作;(5)对施工现场进行测量放样工作,主要是导线复测、中线复测和水准基点的校对等,从而保障道路施工的准确性。

(三)模板的制作与安装

根据工程项目的实际情况和施工特点,选择适宜的模板材料,本工程采用钢模板,其厚度为2.5mm。按照施工图纸进行模板的安装,并对重要结构设置控制点,以便后期的校正和检查。需要注意的是,在钢模板使用前后要清洗干净,并进行矿物油类的涂刷,从而保障混凝土的质量。

(四)水泥混凝土的配制、拌和、运输

按照施工图纸要求对混凝土的配合比进行试验,并将试验结果报送监理工程师审批。同时,还要根据工程的实际情况、浇筑方法、气候条件等决定混凝土的坍落度,通常选用3～5cm。待审批通过,确定混凝土的配合比后,进行混凝土的拌和工作。为了保障混凝土的最终质量,应选择适宜的车辆和运输路线,尽量确保混凝土不出现离析、泌水现象。

(五)水泥混凝土路面的铺筑和振捣

待路基验收合格后,开始铺筑混凝土。在这之前,需对运输的混凝土进行坍落度试验,不合格的混凝土严禁入仓,并予以清除。在混凝土铺筑的过程中,应保障铺筑的连续性,从而保障混凝土的整体质量。就混凝土的振捣工作来说,每个车道采用2根振捣棒,组成横向振捣棒组,使得混凝土横断面振捣密实。同时,要辅以人工补料,即相关工作人员应对振实效果、钢筋网的变形、模板、拉杆等情况进行随时检查,并及时纠正,从而保障混凝土铺筑的最终质量。

(六)水泥混凝土路面的养护

结合本工程的实际情况,选用洒水或薄膜的养护模式。其中,洒水养护应在混凝土浇筑完成后12～18h内进行,养护时间不低于14d。而薄膜养护,其初始时间以细观抗滑构造不压坏为准,选择适宜的薄膜厚度,并将混凝土全面覆盖,从而达到混凝土性能要求。

综上所述,混凝土材料是道路桥梁工程建设常用的一种材料,其施工技术也常出现在道路桥梁工程建设中。在混凝土施工技术的实际应用过程中,应做好前期的准备工作,以及混凝土的配制、拌和、模板工程、浇筑和振捣、养护等工作,从而保障混凝土的质量,进而保障道路桥梁的安全使用。

第七节　道路桥梁隧道施工难点与技术

随着我国施工行业的不断发展，道路桥梁隧道已经成为社会经济发展建设的重要部分。许多地区在工程建设过程中，不断深入研究道路桥梁隧道施工技术及其现场施工管理措施。管理者需灵活运用工程资源技术，加强科学化管理，从而有效推进各项施工工作。

一、道路桥梁隧道施工管理的主要难点

道路桥梁隧道作为城市建设的重点项目，一直受到社会的广泛重视。其施工质量将直接影响道路桥梁隧道的整体质量。为了保障地基坚固稳定，必须清楚明确道路桥梁隧道工程的主要难点，从而有效地建设高质量的项目工程。

（一）影响因素多

由于道路桥梁隧道项目通常具有工期紧、工程量大、结构复杂，地上地下管网以及周边交通和行人等多样的干扰因素。国家对于该类工程的施工标准更高，且施工难度更大。道路桥梁隧道建设对于施工质量管理和控制的要求更高，需有效避免相关施工风险，从而有效保证建设工程的有效推进。

（二）稳定性的要求高

道路桥梁隧道工程对于施工结构具有较高的稳定性。为了保证路基结构在驱动荷载和多种自然因素作用下的稳定性，避免其结构产生变形和损坏，需要根据现场的实际情况采取有效措施。从而避免路基在相关的外力作用下发生一定程度的损坏，造成严重的安全风险。

（三）管理素养不足

施工阶段相对于整个道路桥梁隧道项目来说是耗时最长的一个环节，同时也是最为繁杂的一个过程，而这种复杂在道路桥梁隧道的工程管理上也尤为突出。在施工过程中各个方面的因素越是相互关联，在施工阶段产生的影响也就越发明显。例如在施工过程中使用的任何一种施工材料都将产生直接的管理影响。建筑项目管理人员整体综合素质不足，缺乏专业的管理意识，对项目过程的掌控能力相关较弱，造成管理的弱化。最终导致项目工程的效率和质量都没能达到预期的效果。经常出现工作人员拥有资质证书，但是却缺乏实际的项目管理能力，且无法将实际情况和理论有效结合。从而造成项目管理工作仅仅停留在表面，没有具体落实下去。

二、道路桥梁隧道的主要施工技术

（一）土石方的施工技术

在土石方的施工管理过程中，首先针对基坑开挖土方的上部地质条件进行严密地勘察，根据鉴定条件进行合理地保护措施。对土方的排水功能进行校验，保证排水功能的有效性。施工点需与设计方案中的具体要求完全一致，避免造成安全隐患。基坑施工结束后，对开挖面的暴晒时间进行管控，保证工程安全质量需求。

（二）钢筋的施工技术

在建筑施工过程中，钢筋作为整体的重要建材。管理者需对钢筋进行严格的把关，充分重视钢筋的生产材质。在施工现场需要对所选用的钢筋进行多样性检验，必须具有检测证书，确保钢筋质量的完好。无论是现场抽查检测或者是生产厂家的检测，一旦发现所使用的钢筋不符合使用标准，需进行严肃处理。每个批量的钢筋需都具有检验记录登记以及使用记录。

（三）框架剪力结构技术

框架剪力墙的结构形式，大致上是剪力墙结构体系与框架结构体系的融合，框架剪力墙的结构形式在布置建筑内部布置时有着极高的灵活性，并且抗剪性能也非常优越，框架剪力墙结构两项优势能够有效提高建筑墙体的质量。在框架剪力墙结构中，框架结构是其中的主体部分，而剪力墙结构只在这个大结构中占据着比较少的一部分。通常，框架剪力墙的结构主体是由钢筋混凝土材料构建的，钢筋混凝土材料大大提升了结构框架体系的承受性能，除此之外，钢筋混凝土材料在框架剪力墙结构中还能有效地提高对相应水平力的控制。

（四）工程检测技术

目前道路桥梁隧道质量检测技术主要包括以下三种：（1）红外热成像技术：这种技术主要是通过检测自身结构的体重技术。因为结构分子时刻处于运动状态，因为热传导效应相对平稳。然而建筑物背部不同，会使热传导发生变化，使得表面温度不均匀。红外热成像技术将热流注入建筑中，从而改变表面温度，最终检测建筑物的整体质量是否合格。（2）磁粉检测技术：这种技术也是目前应用相当广泛的一种工程监测技术。磁粉检测技术能够有效监测出肉眼无法看出的建筑问题，从而有效保证道路桥梁隧道质量。（3）射线技术：这种技术主要优点在于其技术含量较高且最终的准确度高。它不受建筑物周围环境的影响，对于建筑物的强度、抗压性以及相关工艺进行有效监测，直观地发现道路桥梁隧道的各方面问题。

（五）道路复合地基处理技术

地基处理技术具有实践性明显的特色，近几年的技术发展尤其迅速。然而，地基处理费用持续上升，在建筑中需选择合适的地基方案，从而有效把控工程造价。首先需针对人工地基桩型进行选择。人工基地并非适用于各种情况。当地基处于 15～20cm 变形范围时，且土质层均匀，可选择天然地基方案。其次，需充分考虑地基承载力的使用值。地基承载力的数值有多种区分，且各种承载值之间具有一定联系。如承载力标准值需经过基础宽度、埋置深度修正后，进一步确定地基承载力作为设计值。复合地基理论的关键在于桩间土的承载能力，充分利用桩间土的承载能力。通过在桩基的顶部再加一层砂性土，有效加强桩基的顶部，再加一层砂性土褥垫。这解决了桩间土承载力的问题和资源浪费的情况。当桩土共同承担荷载，桩模量比桩间土高，且桩间土比桩沉降量要大。在进行褥垫压密设置过程中，桩刺入垫层，并将上部荷载传进桩间土以及桩上，从而有效保证间土能够正常的发挥其承载力。

三、道路桥梁隧道施工管理的主要发展策略

（一）加强精细化管理

在以往的管理方法中，施工人员管施工人员，管理人员管管理人员，可能会出现施工人员和管理人员互不信任的关系。施工人员是最了解施工难度、施工要点的人，所以在有些时候，他们并不想完全听命于管理人员，而管理人员的专业素养高，但不从事一线工作，有些事情无法理解。加强精细化施工管理，能够尽量避免这样的情况产生，能够促进管理人员和施工人员之间的沟通交流，能够让管理人员更好地了解施工情况、施工难度等问题，拉近管理人员与施工人员之间的关系。管理人员的工资与施工进度和质量挂钩，也可以有效地制约管理人员，提高管理人员的工作效率和工作热情。

（二）建立健全工程管理制度

在这个过程中，现场管理人员应该做好现场的勘察工作，对现场的施工环境掌握清楚。需要尽可能的发觉项目在施工过程中，可能出现的绝大部分问题，并做好及时的解决工作。在道路桥梁隧道投标阶段，可以实行量、价分离的模式，降低预期造价成本与实际偏差过大。施工企业需保证工程质量以及项目预算。让施工企业组织专业人员进行成本估测，并作为项目参考依据。其实这本身也就是招投标的相关标底问题，在选择投标单位的整个过程中，建设方不仅仅要看重投标单位的良好信誉，更要密切关注投标单位的报价情况。管理人员需要充分考虑施工单位的企业资质问题。资质雄厚的企业管理水平高，员工水平素质整体较高，且公司内部拥有完善的工作制度。这样可以有效避免项目运行过程中，出现低级意外情况的发生。在施工过程中，现场管理人员需要对各个环节的经济成本做好把控，

任何一个环节都会造成额外施工成本的增加。同时，管理人员可以构建全寿命周期造价管理体系。全寿命周期造价，指的是将工程生命周期结束后，对在工程建设中投入的建设成本，相关运营成本以及工程拆除成本在进行折现后，计算它的总和。全寿命周期造价管理主要由两部分构成：分别是工程造价管理以及全生命周期造价分析。将项目不同阶段进行统筹管理，以项目总体利益出发，寻求最优化解决和处理方法，协调各参与单位的利益规划；在项目推进的过程中，每个环节以及现场的所有环境条件都会导致最终的投资成本受到影响。通过安全评估监控来形成科学合理地监控管理，可以显著降低预期投资成本与实际成本的差值。

（三）科学编制施工组织设计

工程开工前，组织专业人员认真编制临时施工组织设计，落实技术措施、安全措施和管理措施，严格执行安全规范。必须做到每台设备应有各自专用的配电箱，实行一机、一箱、一漏电保护、一闸的"四个一"规定，严禁用同一开关箱控制 2 台及以上设备（含插座），并做好开关箱、配电箱的防雨防潮及保护接地等措施。施工检查包括负责临电施工班组的日常检查和安全监察人员的监督检查，临电施工班组必须对所用变压器、配电箱、照明等设施，以及电工工具进行定期检查，并有检查记录，发现问题及时处理。除了对设施进行巡查外，最重要的是要对施工班组的日常检查情况进行监督，将检查制度认真落实。

总而言之，由于多种外在因素的影响，在道路桥梁隧道管理中总是会存在一些问题。管理人员需针对相关原因深入剖析，从而找到有效地解决措施，积极提高道路桥梁隧道的施工技术与相关管理水平。道路桥梁隧道管理不仅是在施工前的计划和规划上，施工时的管理更要做到位。身在信息化的时代，科学技术迅速发展，道路桥梁隧道管理也应该采用新的高科技手段，适应时代的发展，不断提升管理质量。

第八节　市政道路桥梁主要建设技术

随着我国道路交通领域的不断发展，对市政道路桥梁建设也提出了更高的要求。在建设市政道路桥梁的过程中，一方面，要充分了解市政道路桥梁建设施工的特点，同时充分地运用各种现代化建设施工技术；另一方面，要构建出完善的建设技术体系，强化现场的建设施工管理。只有这样，才能够有效地提升市政道路桥梁的安全性与稳定性。

一、我国市政道路桥梁的建设施工特点

就我国市政道路桥梁的建设施工特点而言，首先，和一般的工程项目比起来，市政道路桥梁工程的施工量是比较大的。通常情况下，一座城市的中心区域是建设市政道路桥梁的主要场所。因此，如果想要促进市政道路桥梁工程的顺利实施，一方面，要详细地勘察

与分析施工现场的周边环境，确保施工现场的整体施工环境能够满足市政道路桥梁工程的建设需求；另一方面，要对影响市政道路桥梁建设施工的各种因素展开深入地研究和分析，并及时的制定出相应的防范措施。其次，和一般的工程项目比起来，市政道路桥梁工程的施工难度是比较大的。在建设市政道路桥梁的过程中，施工现场周边的管线与地线不但具有错综复杂的特征，且数量十分的庞大。因此，如果缺乏科学合理的建设施工规划方案，就很容易在施工的过程中对埋藏在底下的管线与地线造成破坏。在这种情况之下，不但会增大交通安全事故的发生概率，还会对工程的建设施工进度与建设施工质量产生直接的影响。最后，和一般的工程项目比起来，市政道路桥梁工程的施工速度是比较快的。通常情况下，市政道路桥梁建设工程都是在城市的中心发展区域开展的。因此，在建设施工的过程中，会对当地的交通道路运行产生直接影响。针对这一问题，在建设市政道路桥梁的过程中，就要在确保工程建设施工质量的基础上对建设施工的时间进行有效地控制，尽可能地提升建设施工的效率，从而在最短的时间内恢复当地的交通运行，进而为人们的交通出行创造良好的条件。

二、我国市政道路桥梁主要建设技术分析

（一）市政道路桥梁工程混凝土施工技术

在建设市政道路桥梁的过程中，混凝土施工技术属于最基础的建设技术。在应用混凝土施工技术的过程中，首先，要确保混凝土材料的品质能够符合实际的建设施工需求。通常情况下，尽可能地选用使用钢纤维材质的混凝土材料，以此来充分地发挥出混凝土材料的最佳效用，进而提升工程的建设施工质量。其次，要确保混凝土浇筑环节能够一次实现，同时科学合理地控制混凝土的振捣频率与振捣时间。再次，在混凝土建筑完成之后，要对后期的养护工作予以高度的重视。通常情况下，在混凝土浇筑完成的三小时后，要抹平混凝土的表面；在混凝土收水之后，要二次抹平混凝土的表面，同时将潮湿材料铺在混凝土上；浇水养护的时间不能少于十四天；养护期满，要及时地填充缝槽，同时确保混凝土表面的干燥。最后，相关的工程施工企业要结合混凝土材料的应用情况来确定混凝土的坍落度。随着建筑施工领域的不断发展，预制混凝土连锁块也逐步地被应用到了市政道路桥梁建设的过程中。预制混凝土施工技术比传统的混凝土浇筑技术更加地符合现代化的工程建设需求，将其应用到市政道路桥梁工程中，不但能够有效地提升工程的建设施工质量，还能够有效地减少混凝土材料的浪费。

（二）市政道路桥梁工程地基施工技术

在建设市政道路桥梁的过程中，地基施工技术也是尤为重要的。在应用地基施工技术的过程中，首先，如果在施工地区存在软土地基的情况下，就要及时对软土地基进行处理，通过行之有效的处理方法来增强地基的强度与硬度，从而有效地提升市政道路桥梁的安全

性与稳定性。通常情况下，比较常见的软体地基处理方法有碎石桩搅拌处理法、排水固结处理法、复合地基处理法以及换填处理法。其次，要重点处理市政道路桥梁的过渡段，从而有效地提升市政道路桥梁过渡段地基的强度，进而有效地降低市政道路桥梁路面出现跳车和裂缝的概率。在此过程中，第一，在摊铺新料的过程中，要使用切割机来对路面存在的塌陷和凸起进行清除。另外，要及时地对清除过程中产生的碎料进行清扫，随后将沥青结合油涂刷在路面上。另外，还要做好冷接缝处理。第二，要确保混合新料能够具备良好的压实度。通常情况下，会采用分层填筑的方式，尽可能地将每层的厚度控制在二十毫米。第三，利用严格的检测来对压实度进行有效地控制。第四，做好沉降处理工作，科学合理地运用沉降处理技术，从而有效地提升路面桥梁过渡段的稳定性与安全性，进而为人们的交通出行提供强大的安全保障。

（三）市政道路桥梁工程滑模施工技术

在建设市政道路桥梁过程中，滑模施工技术作为一种现代化的施工技术得到了越来越广泛的应用。滑模施工技术具有很多的应用优势，例如机械化程度高、整体结构性强、施工周期短、应用成本低以及施工质量有保障等。在应用滑模施工技术的过程中，首先，需要借助于爬升式千斤顶设备，以此来将模板与工作台提升到相同的高度中，与此同时，要及时地进行混凝土浇筑作业，从而让混凝土能够在模板中逐渐的成型。其次，在应用滑模施工技术的过程中，一定要及时对施工过程中产生的细缝进行处理，从而有效地提升市政道路桥梁整体的结构稳定性。

（四）市政道路桥梁工程翻模施工技术

近年来，翻模施工技术在市政道路桥梁工程中得到了越来越广泛的应用，并取得了良好的应用成效。在应用翻模施工技术的过程中，首先，要借助于大型塔吊设备，以此来有效地提升起大面积的钢模板材料和工作台。在此过程中，要将钢模板支撑到牛腿支架上，同时确保钢模与工作台能够处于缓慢的提升过程中。其次，要为工作台上的施工作业配备专门的作业人员，由其负责完成钢模板的加工操作。通常情况下，翻模施工技术涉及三个层级的模板，需要为每一个层级的模板设置相应的安全高度。在安装模板的过程中，需要使用扳手葫芦，同时采用交替进行的方式来开展混凝土浇筑作业与模版支设作业。另外，在进行混凝土浇筑作业的过程中，需要采用分层浇筑的方式，同时做好模板的支护工作。在这种情况之下，不但能够有效地提升道路桥梁路面的承载能力，还能够有效地提升道路桥梁整体结构的稳定性。

（五）市政道路桥梁工程钻孔灌注桩施工技术

对于市政道路桥梁建设工程而言，在应用钻孔灌注桩施工技术的过程中，首先，要通过定位实测的方式来确定钻孔的位置，同时设置好钻孔作业的深度。其次，在开展正式的钻孔作业之前，要及时地做好相关的清理工作，随后在完成放线定位与钻机就位的基础上，利用钻机钻进成孔。另外，在完成了钻孔清理工作之后，相关的工作人员还要严格根据钻孔基点位置和钻孔线进行测量，同时严格地核查施工图纸，发现问题要及时地进行改进。再次，开展钻孔灌注桩施工。在此过程中，一方面，要确保泥浆循环系统能够提前准备就绪，科学合理地设置泥浆池的长度、宽度以及深度，同时确定钻孔灌注桩的灌注容积；另一方面，在开展钻孔灌注桩施工的过程中，在开钻使需要设计小冲程，同时确保清水和粘土能够被冲击到护筒中。另外，当钻机钻入到砂石层的时候，要结合泥浆的密度来对钻进的速度进行有效地控制。

　　综上所述，在我国交通道路事业发展的过程中，市政道路桥梁建设工程发挥着重要的作用。在开展市政道路桥梁工程建设的过程中，一定要充分地应用各种现代化的建设施工技术手段，对相关的施工技术要点展开深入地研究和分析，严格地按照相关的施工技术操作规范来进行施工操作，从而有效地提升市政道路桥梁工程的建设施工质量与建设施工效率。

第二章　公路工程施工研究

第一节　公路工程施工工艺

随着我国经济社会的逐步发展，环境污染问题也日渐严重。所以，近几年各行业的发展方向趋于环保、低碳发展。当前社会发展程度不断提高，公路已经成为人们不可或缺的重要交通需求，交通运输业的发展也日益更新，国家对于交通运输业的重视程度也随之提高。在进行公路工程建设施工时应当加强节能减排理念的运用。所以在此种发展背景下，亟待加强公路工程施工工艺中融入节能减排理念。本节浅要分析节能减排理念的公路工程施工工艺，并提出在施工过程中影响节能减排工作开展的影响因素以及如何运用节能减排理念提高施工工艺，希冀促进公路施工的节能化发展。

近几年，我国公路运输能力逐渐增强，促进我国经济快速发展，发展的同时，大量的公路工程建设也消耗了巨大的资源与能耗。由于公路工程建设项目较大，大部分时候都需要运用施工机械进行辅助施工。施工机械的频繁使用，不仅会使得燃油消耗较多也增加了燃油支出费用，最重要的是使用燃油机严重影响着生态环境。在公路施工过程中，如何减少资源与能源利用，进行节能减排，已经成为公路工程领域关注的热点问题。

一、重视公路施工工艺，节约资源与能耗

我国经济的快速发展，公路的需求也日渐提高，原有的交通结构组成与现代化发展需求大相径庭。尽管每年国家与政府都会投入一定的资金，修建并维护公路。但是在公路施工过程中，也应当加强节能减排理念的融合，重视公路设计工作，节约土地资源，结合社会经济发展需求，优化设计方案。大部分公路在建设时路面等级以及服务水平等众多方面与社会发展有较大的差距。在新时期下，为了避免产生不必要的高标准及高指标，应当着重加强公路建设成本的控制，降低施工成本，优化建设方案以及公路内部构造，增强工程的耐久性与可靠性。通过完善并落实设计审查制度，将关于公务项目的相关设计方案进行对比，进而优化设计理念，减少公路大填大挖。降低公路建设维修过程中，对于自然景观与生态环境的影响，节约土地资源，通过建设生态路与环保路，加强环境美化工作，也能够方便人们出行。

二、降低施工机械能耗，加强操作人员业务能力

（一）降低施工机械能耗

公路在施工过程中难免使用大量的机械工具，机械工具在使用过程中消耗了大量的能源，严重影响着生态环境，对于种种机械工具的使用问题，应当进行修理，或者是报废处理，能够更换较为先进的施工设备，做到公路施工机械中的节能减排。在施工之前，能够加强机械设备的维修与管理，日常工作中也应当加强机械保养，能够做到勤检查、常修理。能够仔细观察机械车辆的外表是否干净，机械内部是否水、油、液充足，是否能够使机械达到最佳的运行状态。进而保证施工机械降低耗能，加强机械的使用效率。

随着我国油价的上升，在公路施工过程中，机械燃油油耗成本已经成为亟待解决的问题。在施工过程中，应当在不影响工程质量的前提下，降低施工车辆的自身重量，对于不必要安装的附加设备进行拆卸。采取适当的维修措施，降低或减少机械车辆使用中的阻力。机械车辆在使用过程中，如果遇到不平坦的路面，行驶阻力较大，产生的油耗也会增加，所以应当加强公路施工便道的修整，能够保障施工现场的路面平整。机械车辆在运行过程中，车轮混受到轮胎气压的影响，所以应当合理地选择轮胎气压，进而减少油耗。机械车辆根据相关规定的在核承载重量，有助于提高运输效率，并降低油耗。在使用过程中选择适当的润滑油能够减少发动机功率消耗，降低燃料的消耗，应当选用不同规格以及种类的润滑油，进而提高机械设备的使用效率。

（二）加强操作人员业务能力

开展公路施工过程中，也应当加强对机械操作人员的操作技能培训，使操作人员能够正确认识机械设备的使用技能，加强自身思想素质。在施工过程中，对于一些大型机械设备，应当做到统一管理，并分配具有综合技能的操作人才。虽然部分设备对于技术要求与综合技能较低，但是使用频率较大的设备，也应当进行充分重视，可以交至基层部门进行管理监督，由施工企业统一监管。在施工过程中，根据主次地位以及项目部的需求，采取恰当的管理措施，保障机械设备在投入使用过程中能够立即使用，防止机械设备出现故障问题，或者是存在安全隐患，提高机械设备的利用效率。

三、合理利用废旧材料，降低施工成本

在公路施工过程中，常采用石灰、石料与水泥等传统施工材料。这些施工材料成本较高，并且对生态环境的破坏较为突出，所以应当加强对废旧材料的合理开发利用，结合自然资源与能源保护生态环境，能够将废旧材料取代传统的筑路材料，促进公路施工的绿色化发展。

（一）合理利用废石料

近几年，我国各地石材加工企业发展蓬勃，但是石材开采与加工工艺却发展落后，在石材采用过程中产生了大量的废石料，严重影响着生态环境，造成资源浪费。所以在公路施工过程中，应当融入节能减排理念，能够对石材加工产生的废石料进行合理利用。在公路两侧的边坡设计以及排水沟设计，可以采用浆砌块石，也可以用块石格栅代替边坡的绿化混凝土格栅。能够运用大量的快石油化工路施工资源，在施工过程中能够优先考虑使用路基石方产生的碎石以及石材加工产生的废石料，做到资源的再次利用。

（二）合理利用老路面结构层

将原有的旧路面基层进行再冷却，根据一定厚度破碎处理并加入相关规格与数量的拌料并根据配比进行拌和，通过整形与碾压使其达到施工所要求的工艺。运用旧路基层冷再生，能够充分利用原有的路面与路基材料。减少对碎石的使用数量，提高资源利用效率。

（三）再生利用沥青路面材料

将所需要翻修或者是废弃的旧沥青混凝土路面进行再生利用，通过翻挖、回收与筛分等，加入适量的新沥青与骨料进行拌合，使其具有良好使用性能的再生混合料。将再生混合沥青路面材料进行再次利用，能够降低沥青混凝土的使用，有助于节省沥青与砂石材料，降低施工企业资金投入，做到有效处理废料的同时，又保护资源环境，提高企业经济效益与社会效益。

综上所述，我们能够看出：在公路施工建设过程中，融入节能减排理念，优化公路施工设计，降低施工机械产生的能耗以及资源浪费等众多问题。加强对操作人员的技能培训，利用废旧材料进行集约化建设，有助于降低能源消耗，进而达到节能减排，这也是国家发展的政策要求，也是施工企业提高自身经济效益的重要手段。

第二节 公路工程施工的建设与改进

一、公路工程施工建设的重要作用

随着各地联系增强和经济社会发展，加强公路工程施工建设是必要的。作为施工人员和施工单位，有必要结合现场基本情况，制定健全的管理制度与措施，然后严格执行和落实相关规定，使其更好约束和规范工程施工，让工程建设取得更好效果。

（一）增进不同地区联系

公路工程建设能有效增进不同地区联系，满足车辆通行需要。在整个施工过程中，施工单位应制定健全的管理制度，明确施工人员具体职责，让他们严格按要求开展工程建设。加强原材料质量控制，保证每道工序质量合格。进而能有效规范和约束施工，防止质量缺陷发生，促进公路工程施工任务顺利完成，满足车辆通行需要，有利于增进不同地区联系。

（二）方便人们日常出行

通过加强公路工程建设，增进不同地区联系，能有效约束和规范工程施工，保证公路工程质量。进而为车辆安全顺利通行提供保障，有利于预防桥头跳车现象发生，让工程施工取得更好效果，同时也有利于方便人们日常出行。

（三）推动经济社会发展

加强施工建设和工程质量管理，不仅能有效约束公路工程施工，还有利于保证施工效果，预防裂缝、沉陷等质量问题发生，提高工程效益。作为施工单位，有必要根据现场基本情况，制定完善的管理制度与措施，让施工人员按要求开展工程建设，把握每个细节，加强每道工序质量控制。进而保证施工任务顺利完成，防止质量缺陷发生，有利于满足车辆通行需要，方便人们日常出行，最终更好推动经济社会发展。

二、公路工程施工建设存在的不足

尽管公路工程施工建设具有重要意义，也受到施工单位和施工人员重视。但不能忽视的是：目前在施工过程中，部分施工人员责任心不强，没有严格落实质量管理与安全管理制度，制约工程效益提升，存在的问题表现在以下方面：

（一）材料质量不合格

例如，对施工材料质量管理不重视，忽视材料供应商基本情况调查，导致采购的材料质量不合格。此外，材料试验检测不到位，抽检工作被忽视，没有按要求加强防潮防水，制约材料综合性能提升，最终影响公路工程建设效益。

（二）质量管理被忽视

正式开展施工前，没有按要求加强现场巡视和检查，对公路工程建设基本情况不了解。未能根据工程施工实际情况，制定完善的质量管理制度，对质量控制目标和要求不了解，质量管理人员具体职责不明确。再加上施工过程质量管理被忽视，未能有效保障每道工序施工效果，最终导致裂缝、沉陷等问题发生。

（三）安全管理不被重视

施工单位将工作重心放在如何拓展市场，提高工程效益等方面，对安全管理不重视。未能结合公路工程建设基本情况，制定完善的安全管理制度，没有明确施工班组和施工人员安全管理职责。再加上现场巡视和检查不到位，对可能出现的安全隐患没有及时排查，最终可能导致安全隐患发生，给公路工程施工带来不必要损失。

（四）成本控制不到位

例如，施工预算不合理，没有对资金使用做出科学合理安排，难以有效指导工程施工，再加上忽视成本动态控制，不注重施工过程的成本管理，材料费、机械费和人工费控制不到位，未能将实际成本消耗与成本控制目标进行对比，对存在的缺陷没有及时采取修复措施。此外，设计变更审核不到位，导致出现不必要设计变更，增加工程建设成本。施工合同管理被忽视，未能认真履行职责和义务，增加不必要资金支出，甚至给公路工程施工带来不必要损失。

（五）工程质量检测和验收被忽视

部分施工单位在工程建设任务完成后，没有按要求开展质量检测和验收。即使安排工作人员开展质量检测和验收，也没有严格落实相关规定，忽视详细和全面采集数据资料。未能按要求对数据进行分析，对存在的质量缺陷没有及时修复和处理，难以确保公路工程建设效果。

三、公路工程施工建设的完善措施

为弥补公路工程施工建设的不足，提高工程质量和效益，使其更好满足车辆通行需要，也为人们日常出行奠定基础，有必要采取以下完善措施：

（一）加强材料质量管理

材料质量控制是关键内容，也是确保公路工程建设效果的基础。正式采购施工材料之前，应该对供应商基本情况开展调查，从质量可靠、供货及时到位的供应商采购施工材料。然后严格按要求试验检测，详细掌握施工材料各项指标，保证材料质量合格。对于不合格的材料，一律不得将其用于公路工程施工。对运往施工现场的粗细集料、外加剂、水泥、沥青、钢筋等材料也要严格抽检，保证质量合格。重视防潮防水，保证施工材料综合性能良好，使其有效满足公路工程施工规范要求，为提高工程质量奠定基础。

（二）健全施工质量管理制度

作为施工单位，应该提高对质量管理的重视程度，深入施工现场调查，详细掌握公路工程建设基本情况，然后制定健全的质量管理制度，严格落实各项规定，使其有效规范工程施工。落实质量控制责任制，明确施工班组和每位施工人员质量控制的具体职责，让他们按要求开展公路工程施工，落实各项施工技术措施。要重视新技术和新工艺应用，顺应时代发展趋势，保证每道工序质量合格。要注重预防裂缝、沉陷等质量问题发生，实现对工程质量的严格控制。加强路基、路面工程质量管理，防止边坡滑塌现象发生，确保施工效果和工程质量，使其更好满足车辆通行需要。

（三）注重施工安全管理

提高对施工安全管理的重视程度，将施工安全管理摆在突出位置，防止事故发生。建立健全的施工安全管理制度，实现安全管理制度化与规范化。明确管理人员具体职责，落实责任制并让管理人员认真遵循安全管理措施开展各项工作，避免发生安全事故。加强施工现场巡视和检查，及时排除可能存在的安全隐患，防止因安全事故发生而带来不必要损失。一旦发生安全事故，要立即采取控制措施，避免事故发生而给工程施工带来损失。

（四）落实成本管理制度与措施

根据公路工程建设具体情况，制定科学合理的施工预算方案，对资金使用做出科学合理安排，确保预算到位，有效指导工程施工。加强成本动态控制，对存在的不足及时采取修复措施，一旦发现成本超支现象时，应该立即调整。重视人工费、材料费和机械费控制，将成本实际控制情况与控制目标进行对比分析，发现不足时采取调整措施。严格审核设计变更，防止出现不必要变更，避免成本增加。加强施工合同管理，认真履行职责和义务，避免出现不必要索赔，避免资金浪费，让公路工程施工取得更好效益。

（五）重视工程质量检测和验收

公路工程施工任务完成后，应该重视质量检测和验收，详细掌握施工基本情况。要安排专门人员开展该项工作并加强相关规范标准学习，严格落实取样和试验检测规范流程，把握质量检测要点，进而准确获取数据资料，按要求开展分析工作，客观、公正评定工程质量状况。对公路工程施工存在的质量缺陷，应该要求施工单位立即采取修复措施，直至满足施工规范要求为止。

公路工程施工建设中，健全管理制度与措施，改进工程施工存在的不足是必要的。作为施工单位和施工人员，应深入现场调查，详细掌握公路工程建设具体情况，然后制定健全的管理制度与措施，对存在的不足采取完善对策。从而更好约束和规范公路工程施工，预防裂缝、沉陷等质量问题发生，延长公路工程使用寿命，使其更好满足车辆安全顺利通行需要。

第三节　公路工程施工技术

一、公路工程施工技术要点

（一）预应力混凝土结构施工技术

我国的公路工程施工预应力混凝土结构技术，来源于 20 世纪 50 年代的苏联，预应力筋主要采用经过冷处理的普通钢筋，技术生产设备比较简单，符合我们当时的发展现状和发展能力，能够有效促进我国预应力混凝土技术的发展。但是20世纪50年代的苏联，预应力混凝土技术主要针对零件的截面进行核算，很少涉及零件的结构。虽然我国针对这一问题进行了不断改进，但是还是没有摆脱之前苏联混凝土预应力技术的限制，而在改革开放之后，我国的预应力混凝土技术发展迅速，不仅发展了多种预应力结构体系，而且在材料研究方面取得了巨大成效，发展高强高性能的混凝土技术、高强度的钢材等材料，并在研究预应力的基础上，总结出适合我国建筑施工的成套施工预应力技术。

（二）路基施工技术

路基的材料和压实效果直接影响路基的施工质量，现阶段我国主要采用压实工艺和改进填土的技术，来提高路基施工质量。在选择材料的过程中，我国主要实用CBR路基强度，并在施工的过程中引入路床等先进的建筑工程概念，促进了我国地基夯实技术的发展。而且，现阶段我国主要采用大吨位压路机来进行路基压实，路基碾压效果不断优化。但是，在潮湿地区的路基压实过程中，公路施工有着很大的难度，施工队伍必须根据路基状况调整路基施工技术，避免高强度压实对路基的破坏。在软土路基施工的过程中，主要采用土工合成材料技术、轻质路提技术和灰土挤密桩技术等。现阶段，我国的路基施工技术也在不断完善，坡面防护技术、冲刷防护技术和支挡防护技术等有了较大的进步。

（三）路面施工技术

首先，随着公路施工技术的不断进步，我国水泥混凝土的稳定性、刚性和抗疲劳性不断提升，线型不断朝着美观和顺畅的方向发展。并且，水泥混凝土路面不仅应用在城市的出口路段，而且被运用在山区公路路面上，增强了山区公路路面的适应性；其次，路面施工技术要求路面材料的指标符合施工的规范、施工设备和施工工艺具有连续性。同时，在施工过程中需要实用精平提浆，能够有效增强路面平整度；再次，随着科学技术的发展，很多新材料和新技术都被运用到路面施工的过程中。施工单位应注重材料的质量，避免劣质路面建筑材料的施工。为此，施工单位应对施工材料进行检测，选择符合施工要求和技术标准的材料。而且，施工设备对路面施工也有着重要影响，施工设备应满足路面施工要求，采用高质量摊铺机和轮胎压路机；最后在路面施工的过程中，施工单位应严格要求各项检测指标，执行施工规章制度，进而保证路面的施工质量。

（四）新旧公路结合技术

在大批量运输的要求下，我国之前修建的公路通行条件和承载力已经难以满足交通运输的要求，需要相关建筑单位改建公路。而公路改建的一般方法是将道路双侧或一侧加宽，并对具体对公路部分进行针对性处理。但是，由于原来公路的坡度和路基受自然条件和其他因素的影响，已经无法满足公路的填方要求。在这种情况下，公路改建要根据公路的实际状况来采取相应的处理措施，以增强公路新建厚度和处理厚度的一致性。而现有的公路路基处置方法主要有土工栅栏处治技术和挖土质台阶技术等。在新旧公路结合的过程中，路面处治十分烦琐，对施工技术的要求最高，新旧公路的指标应具备较强的一致性，保证新旧公路的承载力和通行条件。

（五）公路与桥梁过渡路段施工技术

现阶段，我国对路桥过度施工研究还比较薄弱，路桥过度施工多在桥头设置路桥搭板，如果路桥搭板被破坏，会增加施工难度，提高维修成本，并且也会严重影响车辆通行。意大利、德国等国家在路桥过渡施工等过程中不设置桥头搭板，需要严密计划后台填筑并严格要求施工。在路桥过渡施工的过程中需要处理好桥背的软弱地基，采用超载预压法、排水固结法、换土法等方法来控制桥头跳车。并且，施工需要根据路桥的实际情况采取施工技术，以改善施工基地的性能，提高施工基地的承载力，缩小桥台和路基之间的沉降差，减少路面沉降。如果没有处理好路桥过渡段的排水，会导致路基连接处渗水，严重影响路面和路基的稳定性。因此，施工单位应根据路面施工材料、渗水量和降水量来选择恰当的排水方式。

二、公路工程施工技术的特点

目前，我国主要采用水泥混凝土路面施工技术。这是因为，水泥混凝土的抗压强度较高，耐水性强，使用寿命较长，而且具有维护费用低、稳定性较强等优势。随着公路建设的发展，我国水泥混凝土技术不断成熟，水泥混凝土在公路施工中的应用越来越普遍，在道路建设中发挥着重要作用。虽然水泥混凝土的刚性较强，硬度较大，但是行走舒适度和行车舒适度远远低于沥青路面。但是在平整度上，水泥混凝土远远高于沥青路面。

现阶段，滑模摊铺技术被运用在水泥混凝土路面建设的过程中，能够有效提高路面的平整度。但是，滑模摊铺技术属于一种新的施工技术，在使用过程中还存在着很多不完善的地方，需要技术研究人员不断改进。并且，由于滑模摊铺技术还处于初步应用，资金需求较大，大多数公路施工都没有使用这种滑模摊铺技术。

公路工程施工技术具有经济性优点。具体来说，首先，公路施工是一种经济和技术相结合的活动，受到技术、经济发展等方面的限制，需要充分考虑施工的具体路况、施工规模、施工投入、施工材料等各个方面，严格按照施工标准开展施工。道路施工比较复杂，需要各部门和各岗位的相互配合；其次，公路工程施工具有较强的流动性，需要进行大范围线路施工，而且，施工地区分布不均匀，很容易造成剩余产品无法移动等现象。施工人员和施工机械设备的移动会增大施工管理的难度；最后，公路施工的周期较长，受自然因素的影响较大，很多施工单位考虑资金和技术问题来选择施工技术。在面对不可避免的自然因素时，施工单位需要根据自然条件及时调整施工技术和施工计划。

三、公路施工技术存在的问题

首先，部分施工单位在公路施工时忽视了公路岔口位置的设置，在很多不应该设置岔口的地方设置了公路开口来满足人们的交通需求。但是，这种设置会严重影响交通的安全性，隐藏着巨大的交通安全风险；其次，很多公路的路面不平整，甚至发生路基沉降现象。并且，有些路面在修建的过程中采用加大的起伏坡度，导致交通事故频发。还有一些施工单位在公路工程施工的过程中为了获取私利而采取劣质施工材料，导致施工质量交叉，公路投入使用没多长时间就产生路面破损等现象；最后，我国不同地区的自然环境有着较大差异，无法运用统一的施工规范。施工技术在不同地区会面临着不同的问题。例如，沙漠地区缺乏黏土和砭石等建筑材料，而且，沙漠地区的水资源短缺，需要从其他地区引入水资源、黏土、砭石等建筑材料，施工成本较高。并且，沙漠地区的地质十分特殊，需要较高的施工技术水平来增强公路的稳定性和坚固性。又如，黄土地区长期受到流水的侵蚀和冲刷作用，会形成特殊的地理环境，湿陷、滑坡等自然现象会严重影响公路建设。在这种情况下，施工单位必须采用有效的加固技术来增强路基的稳定性。

四、公路工程施工技术问题的解决措施

首先，公路工程施工应严格按照我国颁布的《公路工程施工技术标准》进行施工，尤其要严格按照规定的施工标准来解决施工技术问题；其次，公路工程施工单位应合理选择施工材料，使施工材料能够适应当地的水文环境和自然地理环境，并根据当地的施工状况进行技术创新，在保证施工质量的基础上尽可能降低道路施工成本；再次，对于已经建成而出现裂缝、沉降等现象的公路需要采取相应的技术措施进行公路修复和养护，以保障公路的稳定性，避免交通安全事故的发生；最后，在桥梁和公路过渡阶段施工的过程中要采用后张法，保证压浆技术和张拉技术，并积极实用新材料、新设备和新技术以提高公路施工水平。并且，在路桥过渡阶段施工中应使用符合施工标准的灰剂量，并采用台背回填压实技术，来提高公路工程的强度，避免出现桥头跳车现象。

第四节　公路工程施工阶段审计的难点

公路工程审计是控制公路工程投资的一个关键环节，工程审计主要采取经济、技术、法律等手段，公正行使权力，确保该项目的总投资控制在计划投资范围内，力争使工程总造价降低。本节从公路工程在施工阶段的审计，分析公路工程审计的难点，从而给出合理的建议。

一、公路工程施工阶段审计的难点

（一）工程量清单、工程量清单计价文件的审计难点

（1）招标人对施工招标文件编制不够重视。

招标文件部分条款约定不够清晰、明确，对某些事项考虑不够周全，甚至某些条款与工程量清单计价规范存在矛盾。这些都会影响工程量清单、工程量清单计价文件的审核工作。招标文件编制的好坏，相关条款和计量方法约定的清晰程度、考虑周全与否都会对工程量清单、工程量清单计价文件审核带来较大影响。此外一旦招标、签订施工合同后，在工程实施过程中这些条款和计量方法很容易与承包人发生歧义或争议，增加建设项目投资控制难度。

（2）招标所用图纸设计深度不够，部分设计内容不明确或不准确，工程量清单、清单计价文件审核时无从判断，影响工程量清单、清单计价文件审核的准确性。

（3）工程量清单编制质量较差，项目特征描述与图纸不吻合或表述不清楚、不完整。编制的工程量清单在实际施工时出现较多漏项、缺项情况；工程量清单有部分子目存在与设计图纸脱节情况；清单工程数量与施工图纸数量差异较大等；有些工程量清单编制说明存在大而空、不具体和缺乏针对性的现象。这些情况较容易造成投标人误解从而增加了工程量清单、清单计价文件审核难度。

（4）编制工程量清单计价文件时，由于编制时间紧迫、没有进行施工现场调研、没有仔细分析施工组织方案。

（5）一些特殊材料或新型材料难以市场询价，编制或审核人员对一些特殊施工工艺不熟悉。

（二）计量支付方面的审计难点

1. 计量支付滞后

计量支付滞后在各建设项目十分普遍，并引起一系列的负面影响：影响工程进度、质量；预付工程款、统供材料款不能按合同规定时间足额扣回；产生大量工程借款；出现倒卖统供材料事件；拖欠农民工工资。

计量支付滞后原因分析：

（1）承包人内部管理问题。由于造价人员短缺或专业水平不高或资料编制上报不及时等自身问题，影响计量支付。

（2）设计深度不够，设计错漏较多，设计单位调整施工图纸的时间、周期较长。

（3）设计变更申报批复周期过长，新增单价未及时申报批复。

（4）计量支付规定的制约。

（5）业主资金紧张。

2. 计量支付违规

为了得到足够视野亮度，必须用强光源并开大光栅，使充足的光源进入物镜。同样条件下，物镜头放大倍数越大，镜口率越高且进入光线越少。因此，转换物镜头时应注意调整光线强度，使用油镜头时一定要添加香柏油。聚光镜抬高接近物镜头可以增加亮度，如果亮度已经足够甚至过剩，可以缩小光圈，或者下调聚光镜，但一般不降低底座光源强度，因为会使光源的颜色由白变黄，失去自然光属性，改变物像的颜色。下调聚光镜不仅可以降低亮度，还可以增加物像的对比度，使物像层次清晰。

（1）合同文件"计量规则"明确不单独计量的项目仍单独计量。一种原因是角度不同、利益不同导致对"计量规则"的理解不同，另一种原因可能是甲、乙双方为了补偿承包人，而故意"误解"。

（2）合同文件计量条款相互矛盾，计量规则规定不单独计量的项目，又在工程量清单中列项。

3. 地质资料与实际工程引起工程造价的变化难以控制

（1）土石方工程实际土石比与设计土石比存在偏差，会引起造价的变化，招标图纸上明确了土石比例，但由于高速公路地形复杂，地勘资料不能完全反映工程土石比实际情况，当这种情况发生时，承包单位就会以各种理由提高土石比例，造成工程造价较难控制。

（2）基坑、边坡、桥梁桩基开挖过程中地质变化因素引起造价变化，由于地质变化将引起桥梁桩基综合单价大幅度提高。

4. 隐蔽工程、索赔工程的真实性和准确性不易把控

在高速公路建设中，存在较多的隐蔽工程，如钢筋工程、软基换填处理、边坡锚杆锚索、桥涵台背回填等。这些隐蔽工程是否真实发生不易确定，仅通过竣工资料无法准确反映各类隐蔽工程的实际施工数量。一些产生索赔的项目无存留的痕迹，如水毁工程中的半成品工程或储备的钢筋水泥等物资，实际是否存在该类索赔事项以及索赔的数量难以确定。诱发变更工程的责任鉴定及实际变更工程数量的确定容易产生质疑，审核工作一般为事后认定，欠缺可供利用的第一手原始资料。

5. 临时工程和临时设施对工程造价的影响

在路基工程施工期间，一般要求先做临时排水设施，以防止工程或附近农田、建筑物及其他设施受到冲刷、淤积，保持施工场地内排水处于良好状态，施工工作面上或工作段内不积水，从而保证正常的挖方或填方的作业。但是，部分承包人对临时排水设施的重视不够，修建不规范，不能满足及时排除地表水的要求。一旦降雨或地下水涌出时，不能及时排除的积水将会浸泡路基或渗入边坡，导致路基原状土软化承载力达不到设计及技术规范的要求，边坡浸水内聚力降低失稳坍塌，进而引发变更或索赔事项。这种类型的变更索赔一般发生的金额较大，且工程师在审计过程中较难追述事实的真相。

6. 争议问题的解决

在过程审核和完工结算审核过程中，难免会出现全过程审计服务单位和接受审计单位对审核事项的定性和处理存在不同的认识和理解（即所谓的争议）。争议的主要原因有两方面：①接受审计单位未能充分的理解相关法律和法规、对某些事项的看法基于一种习惯性做法，或根据项目实际情况在特定条件下做出的违反合同约定的决策等；②我们审计人员运用审计技术和方法不当，对某些审计事实认识不清，未能根据项目实际情况实事求是的分析和识别，原则性和灵活性未能有机的结合。

二、公路工程施工阶段审计的建议

针对以上公路工程施工阶段审计的难点，建议如下：

（一）工程量清单、工程量清单计价文件审计的建议

（1）为解决招标工程量清单编制问题，选派具有丰富实践经验，熟悉技术规范、熟悉图形算量软件，熟悉 CAD 软件的专业技术人员组成审计小组，全面负责清单工程量的审计工作。

（2）建立健全质量内控制度，设有质量监督部和专家技术督导组，负责全过程的质量控制和技术指导，完全能抓住招标工程量清单编制中的重点，解决招标工程量清单编制较差的问题。

（3）针对招标工程量清单编制的重点、难点和存在的质量通病，可以采用如下对策和方法：

①准确计算工程量，按照设计方案图纸，准确的计算出各项目的图纸工程量，以确定最终的项目工程量。②现场踏勘，到工程项目所在区现场查看，充分了解掌握施工组织情况，合理审计相应的定额子目。

（二）计量支付方面审计的建议

（1）加强对承包人管理的审计，要求承包人认真对待资料的整理收集，认真履行合同，把计量人员纳入履行合同的主要人员之列，及时、完整地上报计量资料。

（2）要求设计单位严格履行合同，提高设计质量，及时出具设计资料。

（3）督促建设单位各部门、监理单位、设计单位及时办理设计完善、变更、及时批复新增单价、认真履行计量规则等。

（4）根据实际情况适当调整不科学的计量支付办法。如"统供材料款应在供货当月计量支付中扣回"等。

（5）对计量条款故意"误解"的情况，应坚决制止，严格执行合同约定。

（三）隐蔽工程、索赔工程的审计建议

（1）首先查询承包人在施工过程中保留的足够证据，如隐蔽工程的竣工资料里面附

的检查评定资料，还应附完整的测量记录和施工过程中的影像资料。

（2）对于存在较大索赔风险的部位，不但要及时审查完工的半成品和成品的影像资料，还应审计针对该部位采取预防措施的材料物资凭据和预防措施的实体影像，以备万一发生意外情形时提供索赔证据的充分性、完整性。

（3）对于变更原因的真实性及合理性，仅凭提供的变更资料还不能真实反映的，还应进一步分析变更前工程的施工情况及原设计的完善程度，原设计的施工方案是否合理，实际施工是否按审批的施工方案执行等，通过多方查找线索，确保审查成果的客观公正。

（四）争议问题的审计建议

（1）选派经验丰富、综合素质更高的造价跟踪审计人员担任项目负责人和技术负责人，提升跟踪审计服务组各成员的政策理论水平，在坚持原则情况下，体现适度的灵活性。在个性方面，跟踪审计人员需要具有能够应付各种情况的能力尤其是沟通、协调能力，在不同的审计业务中碰到不断变化的环境时可以及时进行自我调整，能够把审计服务活动的专业术语转换成通俗易懂的语言，促使接受审计服务的单位正确面对存在的问题。同时，在跟踪审计服务过程中应保持审慎原则：注重实事求是，用证据说话，不随便发表尚不成熟的意见。

（2）在进行跟踪审计意见沟通前应加强相关内容的复核，并注意对相关事项进行反复讨论和论证，特别是对争议问题的陈述条理清晰，事实清楚，依据充分。

（3）在跟踪审计服务过程中，应加强与工程管理各参与方的沟通，充分了解事项的背景和管理过程，收集相关真实、完整、合规的证据链，认真征求和听取各方的意见，以利于对事项的准确定性做出充分判断。

综上所述，云南省的公路工程项目越来越多，对于基层审计工作人员来说，接触最多的就是施工阶段的跟踪审计工作，因此认识和把握好公路审计的难点，并根据具体的难点给出相应的对策建议，有利于工作上提高风险防范意识、降低风险，提高工作效率，提升公路工程审计质量。

第五节　公路工程施工现场控制

交通公路工程中现场管理是整个工程施工中的重心之重，施工现场的各方面的管理直接关系到一个项目的重要性。它不仅仅代表着施工工艺的复杂性、多变性，同时质管着一个项目的经济动脉。更会受到的社会因素以及施工技术、机械设备，同时也会受到经济及这个施工状况的影响。

一、公路工程管理的意义

关于施工中的公路建设是一个非常复杂的过程，它包括了许多方面：勘察、设计、施工以及养护管理等一系列过程。

二、公路工程管理情况

随着时代及科技的进步，我国的交通公路建设如今取得了非常重要的地位及重大成果。大到全国各地市的高速公路、一级公路的突飞猛进的进步，小到各个市县的县乡农村公路的改建畅通工程。

三、公路工程施工管理

（一）开工初期的准备

交通公路工程中的施工项目，在施工项目开工前，应做到驻地项目的建设、人员及机械的进场的全面准备，保证施工开工的顺利性，连贯性及合理的经济性。针对进场开工前的准备，应从如下几方面考虑：

（1）在项目进场前应根据本项目的特点等制定详细完善的相关管理及上墙制度，根据制定的相关规章管理工程，用制度管人。施工单位只有建立健全项目的管理制度及相关职责，才能确保项目的有序实施。

（2）监理组织机构，项目主要管理人员及技术施工人员等进场，合理组织机械、设备有序进场及进场原材料的选用合格材料的进场。工程项目施工技术人员拿到图纸后要详细认真地研究施工图纸及相关技术规范，设计单位进行图纸会审和交底施工段导点进行交桩后。

（3）进场技术人员应及时复核设计图纸上的工程量及投标清单上的工程量，根据施工合同段内的工程量进行及施工特点，编制本工程项目的施工计划。

（4）根据施工工程特点及施工内容，必须经过具有一定资质的母体试验检测单位办理授权后，经质检部门审核通过后，方可在本工程项目中建立工地的临时检测试验室，进行工地常规试验的检测及质量控制。

（5）根据工期要求、制度详细的施工进度计划，并对现场实际情况、机械设备能力、材料供应和自然条件等进行综合分析，编制相关专项施工方案。

施工单位要制定详细的进场计划包括：施工人员、机械设备以及进场原材料的需求量等。编制好此进场计划后，便有项目的管理及控制，同时有效避免资源的浪费，以此创造更大的经济效益为目的。

（二）施工过程管理

1. 认真做好试验段

开工后，施工单位应对道路施工中各结构层的施工工序（如路基、底基层、基层、路面），应通过不大于 200 米长的路段为该分项的试验路段，通过试验路段的施工。可以更好地确定机械设备的合理组合，施工现场的测量数据如松铺厚度、碾压变数及通过现场试验检测得到试验参数，便于技术人员确定最佳施工方案。

2. 施工机械组合配置

（1）根据进度计划制度机械详细使用及日常保养维修计划的相关计划。机械化施工不仅能有效地降低成本、确保施工质量、确保进度，最重要的是能保持机械组合的相对稳定及均衡有序。

（2）根据试验段的施工记录，合理组织调配机械设备，确保机械的有序开展。

3. 施工应急措施预控

每一个项目都不能避免许多客观因素的存在如：自然因素等，作为在建项目的主体的参建单位，应做到未雨绸缪，根据本项目的施工等特点进行应急预控，以此应对突发事件是，能采取相应的应对措施。因此应注意以下问题：

（1）施工前，要结合施工中的环境特点，编制适用于本工程的公路安全应急预案措施。

（2）成立安全领导小组，进行安全巡查及检查，及时消除安全隐患。

（3）专职安全人员对不同的施工部位不仅要巡查更要进行安全技术交底。

（4）针对安全施工应急预案的演练，增强施工人员的安全防范及应急意识的提高及应对措施，确保安全生产。

4. 工程质量常见的质量问题

（1）当进行路基施工中，主要目的就是保持路基的稳定性，当路基出现不均匀时会致路面开裂甚至造成道路出现横向、纵向的裂缝出现，存在一定的安全隐患。出现这种情况的原因如下：在施工中施工机械碾压不到位，碾压层没有压实或碾压机械吨位偏小。

（2）当进行水泥稳定碎石层施工时，施工质量控制不当，易产生裂缝直接影响路面的质量，因此当进行水稳施工时，在进行施工机械作业时，不仅要严格控制碎石的级配，还要控制水泥剂量、含水量以及后期的覆盖洒水养生。

（3）平整度不仅要满充分满足安全行驶，同时应与附近的绿化等景观设计相符，这样也能更好地满足路人的视觉感。

5. 施工进度计划与工程管理

进度计划是控制工程进度的依据外在客观因素的影响而与原计划有出入时，应根据实际，对进度计划进行动态管理，及时调整修改：

（1）分项调整滞后项目造成的原因，并制定进度计划修改施工方案，纠错造成滞后的原因及时调整。

（2）根据网络计划图，查找关键线路及时差、步距，分项滞后的原因，制定动态的管理方案。

6. 核算施工的成本效益

（1）各工序工程完成后，项目部合同部的造价人员，针对出现或可能出现的超支要及时采取一定措施。

（2）施工过程中质量控制也是成本的重要因素。

（3）制定完善管理等相关制度，如采购、库存、发放、使用等，每一个过程的制定的建立关系到施工的成本。

7. 施工现场的畅通

施工现场畅通直接影响到施工能否正常进行，应关注以下几方面的情况：

（1）进场前要根据做好道路的三平一通，确保施工场所的正常施工。

（2）施工合同段内施工现场，增设爆闪灯及安全标志标牌，配合交通执法等部门以及增配专人疏通交通工作，避免交通事故且减少堵车现象。

（三）工程后期施工的管理措施

工程从开始到结束，不仅工程质量重要同时也应做到洁、美、通，同时还应注意以下问题：

（1）检查施工段内的各施工部位及交通安全设施，安全性、完整性及保障性。

（2）施工部位完工后，应及时安排专人负责清理路面的废料；按路基路面施工技术规范等相关规范进行整修路肩、边坡；使公路线型顺适、整齐美观，行车舒适安全。

四、施工总结

当一个工程项目顺利竣工后，施工总结是非常重要的工作总结。施工单位应由项目技术负责人或项目负责人，针对该项目的施工中的施工工序、施工中新工艺新技术进行推广应用，同时针对施工中的不足之处进行纠错整改，分项。通过以上几点，加强施工现场的管理，为下一个项目建设提供重要依据和基础。

第六节　公路工程的施工与养护

在公路工程建成并投入运营之后，长期承受车辆荷载，加之受到雨打日晒等恶劣环境的影响，很容易出现各类病害，不仅会影响到公路通行质量，同时还会降低公路的使用寿命，因此公路养护工作就显得至关重要。经过实践分析总结，导致公路出现病害的原因主要有施工材料不合格、质量设计不达标、养护管理不到位等，且随着时间的不断推移，路面受损程度也在持续加深。这需要工作人员针对公路出现的具体问题，及时做好预防和维护工作，避免裂纹、破损等问题的发生，同时保障公路路面的平整度，如此才能充分发挥公路的效能。

一、公路工程施工研究

（一）公路工程施工前的准备工作

现代公路工程需要考虑到的因素较为复杂，加之涉及的专业较多，因此在正式开始施工作业之前，通常需要实施一定的准备工作，为后续活动做好铺垫。公路工程施工前准备工作具有预见性的特点，主要是分析预测施工过程中可能存在的各项问题，有针对性进行改进完善，以保障施工作业的有序实施。施工准备工作的内容主要包括两个方面，分别是物质准备和技术准备。其中物质准备即是保障施工所需的各项材料以及机械设备的完备。技术准备则包括设计方案确定、技术交底、施工放样等。其中施工放样的内容主要包括路基施工放样、恢复定线、排水工程、小桥涵等。

路基施工放样对于路基工程施工的基础性工作，考虑到现阶段公路工程中路基施工的内容复杂、技术难度高，因此为了保障其施工质量，必须在施工前严格落实放样工作。具体内容包括结合设计图纸对横断面的各个点位进行确定，在地面中心控制桩位置确定填挖的高度。恢复定线是测量工作的一部分，具体工作内容是检测公路横断面、对中心线控制桩进行加密保护以及设置水准点等。在上述工作中，若是发现工程设计和工程现场情况存在不符之处，要变更设计，满足施工要求。

（二）施工作业

公路工程施工阶段的工作主要包括以下三个部分：

首先，路基工程施工。公路路基施工主要包括路基排水防护、填挖作业等方面，在具体施工的过程中，施工人员要加强对坡道路段的关注，做好这一阶段的施工质量控制工作，同时考虑到的路基的维修。为了保障路基施工的有效性，必须保障路基强度以及整体稳定性达到设计要求。这一环节施工作业需要关注的要点如下：对施工材料进行严格的筛选，通过材料试验保障填料性能指标达到规定要求，为施工活动提供坚实保障。通常情况下，路基填筑所使用的材料应具有良好的透水性；在填筑施工完成后，要采用分层压实的方法使其平整度和排水性达到设计效果；在选择用地和土坑时，要对地表进行细致的清理，清除一切杂物、淤泥。

其次，路面工程施工。路面工程施工的内容相对较为复杂，现阶段我国广泛应用的公路路面种类有沥青路面、沥青混凝土路面、沥青碎砂石路面以及水泥混凝土路面等，以沥青路面上面层施工为例：施工方法采用混合料场拌、自卸车运输、摊铺机摊铺和压路机压实的全过程机械化施工。拌和温度控制在 140～165℃，摊铺温度控制在 120～140℃，初压温度控制在 110～130℃，终压温度控制在 80～100℃。碾压完成后，压路机要停在已冷却的路面上，严禁在尚未成型的路面上停机。

最后，旧路改建。在改革开放的几十年间，我国公路建设事业一直没有停止，由于当时技术体系不成熟，加之现阶段我国交通运输行业发展迅猛，因此大部分旧公路已经无法达到新时期人们对其的要求。在这样的情况下，就需要对旧路进行一系列改建工作，以改善公路通行条件。在旧路改建中，新旧公路结合施工是技术难度最高的一项内容，施工人员必须要在扩宽原有公路的基础上，对地质条件、工程设计要求以及成本控制等多方面因素进行综合考虑，如此才能使新旧公路在结构上形成良好的衔接。

二、公路养护研究

（一）公路养护的必要性分析

现代新建公路工程的规模相对较大，路程也较长，因此一旦遭到损坏，需要付出大量的维修费用，同时还会影响到道路交通的顺畅运行。因此最好的方法是"防患于未然"，在病害发生前就采取有效的预防性措施。例如，在公路工程建成并投入运营后，采取就地热再生、碎石封层或稀浆封层等措施强化公路的使用性能。同时，做好日常维护，及时清理路面上存在的碎石、杂物。若是发现裂纹和凹槽现象，要及时组织养护人员进行维修。对于已经严重损坏的路面，可以采取补强、翻修等维护方法。

（二）公路工程施工养护的具体方法

首先，将通行车道和施工交错进行。在公路工程施工中，应该将施工现场所覆盖的车道封闭。具体做法是在行车方向摆放施工标志、标牌和安全警示灯，同时使用锥桶对施工区域进行包围。其次，对通行道路变更行车道。在公路工程施工面积较大的情况下，为了避免新建路面受到破坏，最好在一段时间内对车道进行封闭，通行车辆绕道行驶，为新建路面养护创造有利条件。最后，半幅通车、半幅施工。这种方法通常应用于车流量较小的路段，具体方法是在作业区域连续摆放隔离墩，同时标注分道线，并对车速进行适当限制。

（三）预防性公路养护措施

近些年来，我国在公路建设方面投入了大量的资源和精力，省到市地区高速公路和县到乡公路不断开通。但与此同时，随着我国社会经济的发展，我国汽车数量以及车载装量都在持续增加，对公路质量的要求也在提升。在这样的情况下，只有做好公路工程的施工和养护工作，才能保障公路功能的充分发挥，并为我国交通行业发展提供助力。

三、提高公路工程施工和养护有效措施

（一）加强工程设计图纸审核

在公路工程施工前，工程施工单位、设计单位、监理单位等应该组织专业人员对设计

图纸进行严格审核。审核工作的目的是及时发现图纸中存在的问题并进行修正。例如，对工程设计图纸中的空间布局进行审查，保障施工所用的机械设备能够顺利进入到施工现场。此外，对于工程中涉及的新技术、工艺也应进行评审，保障其符合设计要求。通过设计图纸审核能够进一步提升工程设计方案的科学性，为后续施工作业提供科学指导。

（二）构建完善的公路工程施工质量控制体系

为了保障公路工程施工质量，建立科学完善的施工质量控制体系十分必要。具体来讲，首先科学建立责任机制，将所有施工项目的质量控制责任进行合理的分配，做到责任明确、严格落实，这样就可以有效地避免相互推诿的现象发生，保障所有管理人员都能够履行自身职责，为公路工程施工质量提供保障。其次，在公路工程施工前，落实人员组织、设备检查、材料检测等各方面准备工作。最后，组建专门的工程技术团队，深入到施工现场进行实地勘察，在此基础上对设计图纸进行优化。

（三）加强公路养护队伍建设

为了保障公路养护工作的有效实施，提高养护水平，应该建立一支高素质的养护队伍，改进养护机制，优化队伍管理和运行机制。具体来讲，在基层公路管理机构中设置两个以上的施工养护队伍，同时做好各方面基础设施建设，彻底改善现阶段我国公路施工养护人员综合素质和技能水平良莠不齐的情况。此外，对公路施工养护程度、方法进行规定，打造规范化施工养护体系，保障公路养护相关工作都能够得到有效的落实。在专业化、规范化公路养护队伍的支持下，可以实现对公路使用情况全面及时地了解掌握，从而有针对性地对各类突发事件进行处理。而且，除了一些日常维护保养工作之外，还能够负责部分大修作业，提升公路养护的及时性，最大程度的保障公路连续运营。

（四）制定严格的公路检测制度

针对公路的维护保养需要养护队伍定期对公路进行养护巡查，为了保障巡查的有效性，必须制定一套严格的公路检测制度，推动公路检查的制度化。公路巡查具体分为三种形式：分别是专业检查、定期检查和经常性检查。专业检查要求养护人员对公路施工的各种病害和缺陷进行细致地检查，同时对公路各方面的性能进行精确评估，有针对性地提出改进建议。定期检查则是在公路工程竣工后在一到三年之内至少进行一次检查。

（五）全面落实危险公路改造措施

在公路检查的基础上，对公路当前状况进行评定，结合技术规范对存在严重功能性破坏的公路进行确定。对于此类危险性较高的公路，必须尽快实施改造，进行加固或是维修处理，使公路的稳固性、承载性等都恢复到正常使用的标准。为了保障改造工程的质量，最好引入竞争机制，实行改造工程招投标，同时把握监管关，保障公路施工养护的质量并改善通行条件。

综上所述，在社会发展新形势下，公路建设对于社会经济发展具有十分重要的意义。因此在我国现代化建设中，必须做好公路工程的施工和养护工作，全面提升工程质量，为我国交通运输行业的持续发展奠定坚实的基础。

第七节　公路工程施工成本控制

本节首先阐述了成本控制的意义，然后分析了施工成本控制存在的问题，如成本控制体制不健全、人员业务水平不足、施工环节控制不全面和合同管理缺乏经验等，最后提出了施工成本控制的相关对策，主要有完善企业成本控制体系、加强专业人员培训、做好施工管理和规范合同管理等内容。通过对施工成本的合理控制，可以有效提高施工效益。

随着社会的不断进步，施工单位所面临的竞争压力也在不断提升。为保证企业利润，必须加强成本控制。成本控制贯穿于项目实施的整个过程，施工过程的成本控制是企业成本控制的核心内容。

一、成本控制的意义

成本控制是指在项目成本的形成过程中，对生产经营所消耗的人力资源、物质资源和费用支出进行指导、监督、检查和调整，及时纠正将要发生和已经发生的偏差，把各项生产费用控制在计划成本的范围内，以保证成本目标的实现。对施工成本进行控制可以及时掌握资金消耗速度和方向，严格控制超支，制止浪费行为，实现资金的有效利用。在保证质量、安全、进度的前提下，加强成本控制管理有利于实现利益最大化，提高施工企业的经济效益。

二、施工成本控制存在的问题

（一）成本控制体制不健全

一些企业制定了很多规章制度，但成本管理制度并不完善，还存在一些不足。例如，技术分析没有与经济分析紧密结合；财务部门单纯地进行核算和分析，未对工程进行事前的成本预测和事中的成本控制；未明确各部门的责任和权利，分工不明确，造成各部门互相推卸责任，加之奖励机制不到位，很难调动员工的积极性。

（二）人员业务水平不足

成本管理者的业务水平对于实现成本目标极其重要，一些项目缺乏专业的成本控制人员；企业在成本控制工作安排时委任不当；没有先进的成本控制手段。基于以上原因，在成本控制时出现很多漏洞且不能达到理想的控制效果。

（三）施工环节控制不全面

一些公路施工设计过程中没有做到全面、合理的管理安排，系统科学的管理模式只是流于表面，导致施工组织混乱的现象；在施工过程中不能正确处理成本、质量、进度、安全之间的关系。

（四）合同管理缺乏经验

在与业主签订施工协议后，未认真全面地研究合同文件和图纸等，导致在施工过程中未及时发现非自身原因造成的工期损失和费用增加或建设各方对工程内容理解有分歧而引起合同纠纷。施工单位与施工人员、材料供应商签订合同时，未充分考虑市场环境的波动性，缺乏对风险的识别与分析，最终未能采取有效措施。

三、施工成本控制对策

（一）完善企业成本控制体系

市场竞争日益激烈，如何保证项目成本、挖掘潜力、实现利益最大化是企业面临的重点问题，某公司在对几个项目成本分析后逐步完善成本管理体系，进一步采取了一些措施：

1. 签订目标责任书，明确成本目标

实行项目经理负责制，为达到良好的经济效益，公司总部应与项目经理签订目标管理责任书，确定成本、质量、安全、廉政、环保等目标。项目经理组织编制精细可行的成本计划和成本降低措施，使项目成本始终处于有效控制范围，确保完成总体目标。

2. 加强过程监督，定期开展成本分析

公司总部各相关部门应加强施工过程的监督，成立考核领导小组，定期组织财务中心、工程管理部、合同成本部对项目成本进行核实，核查项目的收入与支出，对实际成本与预期成本的差异给出有效的纠正措施，若差异过大召开成本分析会，科学合理地解决问题。

3. 制定奖励机制，明确责任与权力

施工成本控制贯穿于整个项目的每个阶段，成本目标是通过所有人员尽职尽责来实现的。项目部将成本目标按照项目领导班子、各部门技术人员、生产班组等不同层次的岗位划分一定的成本控制责任，在合理范围内自主决定某项费用能否开支、如何开支和开支数量，让所有人员都能参与到成本控制工作中，从而形成强大的成本控制网络，项目经理定期对目标进行考评分析，实行有奖有罚，达到名副其实的全员参与成本控制，全面激发人员积极性。

（二）加强专业人员培训

（1）抽调有现场经验的技术人员学习成本管理知识，到先进的企业交流经验，不断补充专业知识，满足成本控制工作的需要。

（2）充分发挥计算机的巨大潜力以弥补人工进行控制造成的数据反馈不及时和不准确的缺陷。

（3）充分理解成本控制的内容，其不仅是人、材、机的成本，也包括技术措施和环境的影响，它是对工程全过程的全面把控。

（4）全面分析成本控制的依据，如施工合同、成本计划、进度报表、工程设计变更等，从多方位多角度不断分析对比，使利益最大化。

（三）做好施工管理

1.编制科学合理的施工组织设计

施工组织设计应结合图纸与现场实际情况、材料设备情况、劳务队伍以及企业的管理能力，充分利用自身的优势制定最为科学合理的施工方案，进一步缩短工期并提高工程质量，最大限度地降低成本。在施工过程中不断探索、应用新工艺、新材料和新技术，以达到降低成本的目的。

2.协调处理好成本与质量、进度、安全之间的关系

充分认识成本与质量、进度、安全的关系。项目要树立安全与效益相结合的观念，采取有效措施预防安全事故的发生。此外，盲目赶工，也会增加成本。因此要正确处理好成本与质量、进度、安全的协调统一关系，制定合理的质量目标和进度计划，采取安全的保障措施，将成本控制在合理范围内。

3.合理使用资源，控制人材机费用

实际项目成本构成中，材料费约占60%，因此控制材料费是降低成本的重点。某大型企业多次发现同一地域项目材料费差距较大，经研究决定成立物资管理部门，建立供应商管理库，大宗材料水泥、钢材等公司集中采购，就近配送。因集中采购量大、价优，减少了很多中间环节，降低了采购成本。施工中应实行限额领料制度避免浪费。

人工费的控制主要目的是提高施工效率、合理计算用工量。一些工程可以采用包干制，降低人工费用。机械费的控制主要体现在资源的合理配置上，根据现场的实际情况，充分利用现有设备，合理组织施工，尽量减少设备闲置。

4.关注工程设计变更，科学索赔

变更索赔是施工中的常见问题，也是工程项目创收的一大源泉。每个项目配备高素质水平的变更管理人员，明确责任、高度重视并及时处理出现的索赔问题。

（四）规范合同管理

1.签订施工合同

与业主签订施工合同时，充分解读合同文本相关文件，认真剖析每一条合同内容，理解合同的关键性条款，尤其注意工程款支付等问题，防止施工过程中因索赔问题产生纠纷，

影响过程的顺利进行。对合同履行过程中可能出现的风险和不安全因素，要明确双方责任和权力，约定处理措施。发生索赔事件后，收集资料，做好现场签证并及时报批。

2. 强化分包合同管理

对分包合同进行严格的资格审查，建立施工人员、材料供应商管理库，引入竞争机制，科学合理地确定单价。签署分包合同时实行各部门会签，形成逐级审批制度，建立台账，定期检查合同履行情况。合同实施过程中，定期进行人员考核，经常检验机械设备以及材料质量和数量，避免出现虚报数量的现象和以次充好等问题。

做好成本控制是企业管理永恒的话题。在成本管理过程中，企业应理论结合实际，不断完善各项成本控制体系，提高全员的成本控制意识，不断更新成本控制理念，以科学合理的手段全方位、多角度地控制施工成本，打造出高质、高效的精品工程，助力我国交通事业的发展。

第八节　公路工程施工安全浅析

一、桥涵的安全施工控制措施

（1）在施工以前，必须要进行浇筑墩台，并且要根据相应的规范标准要求进行操作，首先要搭设一个完整的作业平台以及设置好脚手架，同时必须要由负责人进行检查验收，合格后才能进行作业。如果墩身的高度超过了一定范围时，必须要在平台的外侧进行设置安全扶梯以及应栏杆，此外，应用密网做一个较为安全的围护设施，如果高度已经走出了十米以上时，就必须要在每一层加设一个安全网，作为进一步防护。同时在施工墩台顶的位置时，也应做好防护准备工作，如果施工人员在架子上进行操作时一定要做好安全防护措施。

（2）如果在围堰内进行施工浇筑墩台时，必须要设置一个跳板或者设置一个扶梯，这样也是方便作为作业人员来回移动。如果再进行凿除桩头施工时，施工操作人员应做好一系列的防护工作，戴好防护措施。此外，如果是人工操作进行凿除时，就必须要检查锤头的牢固度，必须要先检查再操作。在进行吊斗出渣作业时，必须要关好门，拴好挂钩，做好防护工作，由于吊机在扒杆会出现转动，所以在这个范围当中是不能随便进入的。

二、施工墩台的控制措施

（1）地行砌筑墩台的准备工作时，必须要搭设一个完好的作业平台以及脚手架和护栏等相应的防护工作，必须要根据规定铺设兜网，按照要求做好防护准备。如果要利用人工的手推车或者是应用预制构件时，必须要搭设好一个脚手跳板，并且安全的计算出跳板的宽度以及坡度以达到安全的标准。如果需要在作业平台以及脚手架堆放一些材料时，其重量不能超出荷载。在施工当中，如果要应用吊机或者是桅杆进行吊运材料时，必须要服从指挥，不能擅自的行动，在进行吊运砌筑的材料时，现场人员应离场，不管在什么条件下都不能把手伸到缝隙当中，以免发生安全隐患。当施工人员需要抬运体积较大的石料时，必须要对其进行牢靠的捆绑，缓慢平放，避免造成事故。

（2）公路桥涵在进行施工时，作为负责人必须要与技术人员进行相互的沟通，并且设计一套完整的工程方案以及控制安全措施，负责现场的施工人员也应了解安全控制的主要目的，及时进行交流。由于在施工高桥墩或者是索塔等一些结构较高的工程时，在施工当中必须要应用滑升模板，并且根据建筑工程当中规定的各项标准安全作业，必须要做好防护措施，以免发生危险。如果我们应用滑板进行施工时，必须要对其提升它的设计标准以及施工管理进行安装使用，在操作时，必须要对滑升模板进行相应的试验，如果验算结果合格后才可以进行使用，在应用提升设备以及顶杆时，它的形状以及要求必须要符合相应的标准。如果要应用爬模的方法进行施工，要提前做好特殊位置的设计，此外，也要确保爬升架、脚手架以及操作平台设置的安全性以及它的刚度要达到标准要求。如果我在施工过程当中要提升架体时，应先做好保险装置，减少隐患的发生。应用模板爬升时，施工人员坚决不能站到支架上。当我们安装好液压系统以后，应对其做好检查工作，并且液压设备必须要经专门人员进行维护，出现问题要尽快解决。在施工当中如果要提高模板的高，达到两米时就必须要安装脚手架，在架体铺设好安全网以及脚手板的安全防护设施。如果要在操作平台进行施工时，其重量是不能超出负荷要求的，并且在其周围要安设相应的防护栏，也应为操作人员配备通信设备，当发生危险时可以及时的联系。此外，如果有提升模板时，必须要先排除故障，再对其进行检查，同时应用千斤顶也可以共同作业完成。

（3）在桥涵的施工过程当中，我们必须要对操作平台的倾斜度以及水平度进行全面地检查，如果有问题存在时必须要尽快解决处理，不能留下安全隐患。在使用各用电器、机具以及一些运输设备时，要做好操作人员的管理工作，按照交接班的管理规程操作，在进行交接班时，应先对机器进行全面的检查。如果是在操作平台上进行作业，不得多人操作，以免超出荷载的要求，对摆放的材料应合理，以免造成操作平台发生倾斜，作为操作人员同时也应戴好各种安全准备措施，系好安全带。对材料进行运送时，施工人员必须要使用外设的电梯，并且要设置安全卡和开关装置，如果是在夜间进行工作时，必须要安装良好的照明设备，并且在要各个运输过道以及设备使用当中都要进行安装，同时也要注意电压问题，在确保在安全范围之内。在安装支座时，必须要按照设计要求进行施工，可以应用橡胶支座，并且在进行装配以后要进行分部的吊装。在施工完成后，如果要对滑模设备进行拆除时，必须要先做好防护准备，对其拆除过程当中，可以进行分组的拆除解体，这样可以降低作业量同时也可以避免杆件发生变形。另一方面，最重要的一点就是在施工现象必须要提高操作人员的安全意识，对他们加强安全培训工作，要在全过程当中，全方位地做好安全教育管理工作，并且在施工前就要制定完整的安全管理制度，从各个方面入手，更为全面的提高安全意识，减少隐患的发生，在施工当中要不断地研究安全管理措施以及相应的创新模式，从而确保桥涵工程得以更为平稳、有效的发展。

桥涵工程是要求最高的一种施工技术，所以对它的质量要求也是相对较高的，由于在桥涵的施工过程当中，质量要求是非常重要的，在当前发展条件下，桥涵工程已经成为公路建设最为重要的一个部分，所以它起到了关键的作用，对此，怎样可以更好地控制桥涵施工安全管理已经成为我们必须要解决的问题，从而才能更好地确保桥涵耐久性，确保安全生产的稳定性，达到控制目标。

第三章　公路工程设计研究

第一节　公路工程设计隐患及解决措施

当前，我国国民经济水平不断提高。公路工程建设作为基础设施建设的重要组成部分，受到了社会各界的广泛关注。为了保证项目整体水平的提高，必须重视公路工程设计管理。设计图纸。确保工程设计文件与现场情况相一致，对设计中存在的隐患采取积极有效的对策，将公路工程设计的隐患降到最低。本节主要分析了公路工程设计中存在的隐患，并提出了相应的解决方案。

一、公路设计的基本要求

首先，公路路线的设计必须与土地要求相结合并满足相应的空间要求。道路空间必须经过科学合理地分析和研究，才能充分保证公路工程的使用和安全。同时，还必须结合工程的经济效益、沿线居民的生活和工作条件，使公路工程设计更加合理、科学。其次，在整体空间布局的基础上，从公路工程承载需求出发，做好公路设施布置，改进以往公路设计中的不足。道路权配置是公路路线设计中极为重要的一部分。从道路的具体等级和优先级出发，科学配置道路权资源，综合考虑公路工程的安全性。最后，路线的周边功能也是路线设计中需要考虑的一部分，是对道路交通功能的补充。公路工程设施的功能需要深入分析研究，找出重点，制定施工组织方案，为公路工程设计人员提供最佳参考。

二、公路工程的设计隐患

（一）设计方案滞后

公路工程设计是工程的基础，对工程的质量和安全起着决定性的影响。为了满足实际需要，设计理念要及时更新，以适应时代的发展。然而，很多设计理念太过陈旧，设计上没有创新。相关标准没有得到完善和提高，严重制约公路工程的全面发展。今天的交通状况和过去不一样了。如果按照最初的设计理念进行设计，将无法满足实际的交通需求。设计是施工的源泉，是整个工程的重要指导思想。部分设计师更新速度太慢，技术含量低。

当他们投入使用后，他们会发现更多的问题。

（二）平面交叉口主要问题

通过文献回顾和分析现场调查，发现大多数的十字路口目前有以下问题：（1）平面交叉口的设计有问题。转弯半径太小，对司机来说并不容易判断道路的十字路口的距离，它是不容易找到的十字路口的交通状况，容易发生交通事故，使十字路口的交通状况不容乐观。（2）交叉口渠化设计不合理。如交叉口车道功能混乱，车辆左车道渠化设计不合理，进出交叉口车道数不匹配，交叉口标识模糊等情况。（3）有不合理的交通设计在十字路口的交通控制，例如，十字路口的信号灯的不合理设计，非理性的信号灯，十字路口的信号灯的可见性差等。（4）十字路口的行人街道的安全设施不足，例如，缺乏区域等待行人穿过街道十字路口。平交道口的几何安全设计是在分析安全角度的基础上，建立交叉口的几何设计技术。主要包括：平面交叉口的水平、垂直、纵向设计；设计的控制标准和因素；功能区设计的定义和视距；访问管理技术。

（三）公路工程的设计缺陷

由于不同地区经济发展水平的不同，公路工程建设的具体需求也不同。由于公路设计人员没有做前期调查，导致公路设计存在缺陷，不利于后续施工的有序进行。在设计过程中，设计者没有充分了解现场情况，并不清楚施工的具体要求，没有考虑对施工实践的影响，导致设计和实际施工之间的断开，无法承担相应的负荷，降低高速公路的使用寿命，并埋葬严重的安全风险。

三、解决设计隐患的相应措施

（一）在施工前做好可行性论证

公路工程是露天工程，公路工程的区域跨度很大。在具体的施工过程中，必然会遇到各种恶劣的地质条件和环境，但公路工程是基础工程。它是国家建设的关键。因此，遇到恶劣条件是无法避免。因此，需要对项目进行前期规划准备。联系政府有关部门和地质勘探单位提前完成调查，充分验证施工方案的科学性和合理性，并结合具体情况来计划和优化高速公路路线，有效减少施工的难度。如果你不能避免一些严重的地质条件或环境，你需要去你的单位，寻求当地地质和气象单位的帮助，结合具体的天气变化和地质条件，试图消除这些因素的影响。或将其降低，使公路工程设计更加科学合理。

（二）优化公路设计方案

在设计阶段，应采用多种设计方法，通过不断地对比分析，选择最经济、最合适且最方便的施工方案。一个优秀的公路设计应满足当地地质条件、人文条件和交通流量等方面的需要。在施工过程中，采用科学的施工方法，可以提高工程质量，延长公路的使用寿命，保证公路工程的经济效益和社会效益。本项目的实现将通过优化设计方案提高公路建设水平。

（三）提高设计人员的责任意识和专业水平

设计是设计者脑力劳动的成果。设计的质量直接关系设计者的专业水平。设计应完全按照国家规定进行。对于一些不确定的内容，应多次实地调查，并咨询行业专业人士。综合考虑各种影响因素，根据不同的地理位置和项目建设需求，进行有针对性地设计。开拓探索，精益创新，力求设计出高水平的图纸和解决方案，造福大众。公路工程是公共基础设施。设计时要有相应的责任感，认识工作的重要性，形成认真负责的工作态度。设计单位应经常组织设计人员进行学习，形成良好的工作氛围，对设计成果进行严格检查，避免使用在设计中存在明显隐患的解决方案。

（四）合理设计平交路口交角

当一辆车经过一个十字路口，即使行驶速度低于一般路段，司机应该能够看到十字路口地区交通的方向并提前确保平面对齐一般路段，变速和停车方便。因此，有必要严格控制平交道口的斜交角，十字路口的道路应接近直角。这可以有效减少车辆通过十字路口的时间，减少锐角驾驶员的视线限制。平交道口的交角为直角，斜交时的锐角不应大于70°。如果条件允许，次要道路可以修直。

总之，为了满足人们的实际需要，公路工程的设计理念应该与时俱进，不断探索、创新和探索新的材料和技术。加强责任心，提高专业水平，调整工作态度，避免在设计中出现质量、安全、交通等方面的隐患，影响公路的正常使用。

第二节　公路工程设计阶段造价控制

随着当前我国基建工程的快速发展，关于公路工程在设计作业中的造价控制也引起了施工单位及业主单位的重视。在实际施工作业中如何有效地控制工程造价，并且确保工程设计质量的合格性，成为当前公路工程设计施工发展中主要面临的问题。本节针对公路工程设计阶段造价控制，进行简要的分析研究。

公路工程在施工发展中良好的造价成本控制，对工程施工单位的实际收益提升，以及工程业主单位的实际权益保障发挥了重要的作用。其中公路工程设计作为影响工程造价的主要因素，分析在工程设计作业的实施中如何合理的控制造价成本，则引起了广泛的关注。笔者简要剖析公路工程设计阶段的造价控制，以盼能为相关公路工程项目设计阶段的造价控制作业实施提供参考。

一、公路工程设计阶段造价控制的发展现状

从当前我国公路工程的施工发展现状方面进行分析，公路工程设计阶段的造价控制，宏观分析整体的发展现状较为良好，为区域财政投入效果的合理发挥，以及区域交通工程应用质量的合理提升发挥了重要的作用。同时，良好的公路工程设计作业实施，对于行车安全的保障，以及区域经贸活动的发展也发挥了积极的作用。另外，从细节方面剖析公路工程的设计作业，由于其涉及的设计细节内容较多，因此在具体的设计造价评估中因设计不完善，设计缺失，设计错误，造成的造价升高现象也较为多见。基于公路工程的设计实施现状，以及造价控制现状进行考量，设计单位在公路工程的设计作业实施中，为降低因工程设计存在问题，造成的造价升高现象，还应从上述问题的优化及规避方面进行发展。

二、公路工程设计对造价控制产生的影响

（一）设计错误引起的造价变化

公路工程设计作业在实施中，设计错误造成的工程造价控制失效，以及造价成本升高的现象较为普遍。其中设计错误造成的造价控制失效现象，主要表现：公路工程项目设计错误，造成在具体的施工作业中出现一定的施工事故，施工返工，以及重复设计的现象，从而造成一定的造价升高现象，对于项目工程的施工进度推进，以及项目工程的造价成本合理控制，均造成了一定的影响。

（二）设计变更引起的造价变化

公路工程项目在设计作业中，因设计变更引起的造价升高，以及造价控制失效现象较为多见。其中设计变更引起的造价变化现象，主要表现：工程设计中因设计缺陷，基础勘察不完善引起的设计变更，从而造成的施工造价成本升高，施工进度延长，以及工程量增加引起的造价控制问题。另外，从经济性的角度进行分析，设计变更引起的工程造价控制失效，严重地影响业主单位的实际权益，同时对应工程项目的施工质量控制，以及整体工程的进度控制也造成了较大的影响。

（三）设计增量引起的造价变化

公路工程设计作业在具体实施中，设计方主要基于业主方需求，以及工地现状进行公路工程项目的设计作业。其中在具体的设计作业实施中，因业主方需求变化引起的设计增量，产生的造价升高现象也较为多见。其中因设计增量引起的造价变化现象，主要表现：工程设计增量，引起的工程量增加，工程进度延长，投入成本增加，人员应用成本增加，从而引起的造价升高，以及造价控制失效的现象。

三、公路工程设计阶段造价控制策略

从公路工程设计阶段造价控制的实施现状，以及产生的影响现象方面进行分析，笔者针对公路工程设计阶段的造价控制作业，提出了以下控制策略：落实限额设计、落实设计科目编订、提升设计人员专业技能、完善工程设计的前期勘察作业、加强工程设计审核作业、落实工程量核准作业、加强了解区域政策信息变化现状。笔者针对上述公路工程设计阶段的造价控制策略实施，以及具体实施中的注意事项进行简要的研究。

（一）落实限额设计

从公路工程设计阶段的整体设计及作业程序方面入手，评估造价控制作业的实施现状，落实限额设计作业则为有效的造价控制策略。其中限额设计作业策略的实施，应以业主方的项目预算造价金额为基础，基于预算造价金额进行限额设计作业。通过限额设计达到合理控制设计阶段的造价控制质量，从而达到提升整体工程项目造价控制效果的目的。另外在具体的限额设计作业实施中，为确保限额设计实施质量的合格性，业主单位在进行项目造价预算，以及限额基数出具的过程中，应注重落实市场调研作业以及项目工程施工区域的实地调研作业。以此确保其出具的限额金额总值，符合市场规则，符合实地现状。规避因缺乏基础参数支持，缺乏行业常识即出具限额设计金额总值，造成的设计作业无法开展以及其他不良现象。

（二）落实设计科目编订

公路工程设计作业的实施涉及的设计参数，设计项目，以及工程量核算作业较多，应从实际出发，关于公路工程设计阶段的造价控制作业实施，落实设计科目编订作业，则为有效的造价控制策略。其中关于设计科目编订作业的落实，设计单位应基于常规的公路工程设计内容进行科目编订，之后再通过工程项目施工工地的实际勘察作业，进行设计编订科目的完善和补充，以此确保工程设计作业实施的完善性和准确性。同时通过合理的设计科目编订，达到降低工程设计误差，减少重复设计，控制设计周期，以及减少设计返工引起的造价控制失效现象。

（三）提升设计人员专业技能

"术业有专攻"，公路工程设计作业作为一项专业性较强的设计工作，其在设计作业的实施中设计人员的专业技能现状，则对于工程项目的设计质量，以及工程设计阶段的造价控制造成了较大的影响。在具体的公路工程设计作业实施中，提升设计人员的专业技能，则为公路工程设计阶段造价控制的主要控制策略。其中关于设计人员的专业技能提升，设计单位可通过多个举措进行落实。第一，通过招聘的形式，提升其项目设计作业人员的专业技能；第二，邀请行业专家针对现有设计作业人员，进行专业技能培训及理论知识讲解，以此提升设计人员的专业技能；第三，实施班组设计作业，通过细分工期和工段，进行差异化技能设计人员的分组，以此提升工程设计质量，同时达到降低设计误差率，以及提升设计效率的目的。

（四）完善工程设计的前期勘察作业

公路工程项目在设计作业实施中，基础勘察作业质量对于工程设计质量，以及后期的工程造价控制影响重大。在设计阶段的造价控制中，设计单位也应注重落实设计作业前期的勘察作业。其中关于前期勘察作业的实施，设计单位勘察人员应从基础地质信息勘察、水文信息勘察、交通现状勘察、地面及地下既有建筑物勘察、地下既有管网设施勘察，以及气候环境信息勘察方面进行作业。以此确保后期在工程设计作业的实施中，其设计内容符合施工工地的地质结构现状，符合区域气候环境，符合业主方需求，同时减少因设计误差，引起的既有建筑，既有管网破坏，造成的安全事故，人员伤亡，进度延误，以及造价成本升高的现象。

（五）加强工程设计审核作业

公路工程设计阶段的造价控制作业实施，加强工程设计审核作业，对于公路工程设计阶段的造价控制质量提升意义重大。其中在具体设计审核作业实施中，设计单位可通过"两步走"的方式进行落实：第一，设计方审核作业，设计方针对完成的设计图纸进行自行审核，并针对其中存在的问题进行纠正和处理，以此完善第一步审核作业；第二，联合审核，设计方、业主方、施工方、监管方组成联合审核小组进行联合审核。通过四方联合审核，完善实施项目设计审核作业，并及时优化设计中存在的缺陷及不足，最终达到提升工程设计应用质量，合理控制造价成本的目的。

（六）落实工程量核准作业

从公路工程设计阶段造价控制的本质方面进行剖析，工程量的多寡为影响最终工程造价数额的主要因素。落实工程设计中的工程量核准作业，也为公路工程设计阶段造价控制的主要控制策略。其中在具体实施中关于工程量的核准作业实施，应由设计单位、业主单位及施工单位组成联合审核小组，通过设计方预先核准提交工程量编订科目材料，以及工程量单价价目表的方式，进行其项目工程量的联合核准作业。以此减少因工程量虚设，工程量核算错误，单价核算误差，引起的造价控制失效现象。

（七）加强了解区域政策信息变化现状

公路工程项目的施工发展中其影响范围大，影响人群多，且投资成本也较高，在具体的项目设计作业实施中，因区域政府政策变动，主管人事变动，引起的设计变更及造价控制失效现象也较为多见。基于该类现象分析，落实工程施工区域政府政策变化，及主管人事变化现状的了解，也为工程设计阶段造价控制的主要控制内容。具体实施中通过对政府人事变动现状以及政策变化现状的了解，确保其项目设计符合政策要求，并且确保政府部门主管领导对项目主管工作的有效衔接。避免因区域政策变动、人事工作变动现象下，缺失沟通造成的项目设计返工等其他不良现象，最终达到合理控制工程设计质量，确保工程设计阶段造价控制效果合格性，同时达到合理推动项目工程稳定发展的目的。

从当前公路工程设计阶段的造价控制发展现状，以及工程设计对工程造价控制产生的影响因素方面分析。设计单位、业主单位、施工单位在实际发展中，为切实有效地促进项目工程的稳定发展，同时减少因设计变化引起的工程造价升高现象。实际发展中设计方及业主方可通过限额设计，提升设计人员专业技能，完善设计科目编订，以及落实工程设计前期勘察的方向进行发展。另外，关于审核控制及监管方面的作业落实，设计方应联合业主方、施工方及监管方，进行项目设计审核、工程量核准，以及区域政策变动现状的及时了解。以此确保其项目工程设计符合业主方需求，符合监管方要求，符合施工可行性，最终达到合理推动项目工程施工发展，合理控制工程造价的目的。

第三节 公路工程设计中环境保护的实践

近几年，公路建设质量成了国民重点关注的问题之一，当前交通网络正不断完善，给区域经济带来发展的同时，也给人们的出行提供了更加便捷方式。随着人们对环境质量要求的提高，公路建设企业要重视工程周边的建设环境。项目在设计阶段，要以工程环保理念为中心，在建设生态公路的同时，拟定一套合理有效的环境保护体系。

一、公路建设可能造成的环境影响

（一）水土流失

对环境的影响水土流失因地表径流在自然坡地表面上运动造成。在公路修建过程中，不可避免地要对公路路基进行高填深挖，对山坡林地及表土破坏较大，使原来的山体失去平衡，导致山体滑坡、边坡坍塌，破坏周围植被，靠自然界的力量恢复植被需 3 ~ 5 年，甚至更长的时间。公路建设改变地表径流，成为沿线水土流失的另一原因。公路沿线桥梁、涵洞的新建和变更，将影响原有河道、沟渠的断面结构。公路建成后，由于建设资金紧缺，使得取弃土场往往处于无人管理的状态，对公路沿线极易造成水土流失的高填深挖地段也无法采取砌体加固的措施进行防护，这均增加了水土流失的潜在风险。

（二）公路施工过程对环境的影响

路基高填深挖、桥梁涵洞施工、取土、采石采砂、备料场、弃土堆、施工便道等行为是公路施工过程中最常见的工作内容，不可避免地会对沿线自然环境产生较大影响，不仅会改变原地表形态，加剧水土流失的产生，沿线水文网络也会由此发生改变。公路施工中常见的河道修改，由于水文、地形调查不细致，没有做到对河流的自然顺畅引导，以致洪水一来，河道又恢复到原来的位置，严重时被冲刷形成新的河道。公路桥梁、涵洞的修建由于设计深度不够，容易出现桥、涵进出水口位置与水流方向不协调，遇到暴雨季节或者山洪暴发就容易出现排水不畅，浸泡、冲刷农田。

二、公路设计中的环保要点和策略

（一）水环境的保护

首先，如果是桥梁工程施工，那么就需要做好其与公路的衔接处理工作，完善细节处的制度要求，定期的检修施工机械性能，减少其漏油危害，废水不能直接排出，要建立一个沉淀池，经过沉淀之后才可以排放。其次，施工材料方面，如果施工材料具有易腐蚀性、污染性等，就要将其远离河流区域堆放，并且也要设置相应的防雨防潮措施，拌合场和预制场需要设置一个临时排水系统和沉淀池，以为废水排出提高便利。

（二）水文保护

建设道桥的时候，要对其进行严格的监管，定期维修机械设备，防止油料的泄露对河水产生危害，不能随意将废弃的建筑材料扔进水里，要将其沉淀之后在排到水里。在道路施工中，要妥善安排好化学用品，设置好临时的排水设备，避免暴雨等灾害对当地的自然环境产生影响。沥青库生产和石灰搅拌场的废水，只有 PH 检测值为中性的时候才可以进行排放，固体垃圾能够焚埋处理的要及时对其处理。运营道路的期间，假如遇到梅雨季节，相关的管理部门需要定期对公路进行维修，尤其是河流流经的路段，要增强巡查，做好暴雨风险的应急措施。

三、生态公路设计方案

（一）路侧设计

路侧设计要本着"以人为本"和"安全至上"的理念对生态公路进行科学设计，首先要设置标志标线，以此明确汽车的运行轨迹，保证汽车不发生行驶偏离而发生路侧事故。其次设置路侧净区，其主要是通过在路侧地段设置平坦地带，从而为车辆提供可恢复区域，同时设计一些生态公路景观，对于路侧净区的宽度根据地形平坦度的不同，有着不同的要求，以黄河三角洲为例，路侧净区的宽度应该大于9m，以此强化公路的安全；再次路侧护栏。不同的地段可能不适合设置路侧净区，对此需要安装路侧护栏，路侧护栏应该根据当地的生态环境选择合适的护栏形式和刚度；最后路侧边沟。生态边沟应该采取暗藏式边沟方式，这样当路面的水汇到明沟中后，通过流入暗沟中，解决了地表水的排降问题，同时也增加了路侧净区的宽度。

（二）分隔带的绿化

设计相关的心理学研究结果显示：司机在高速公路驾驶的时候容易出现道路催眠的现象。假如外部的信息不断单调重复，司机的大脑没有进行有效运转，处于空灵状态，此时大脑的细胞会出现抑制行为，导致司机的反应能力变慢。一旦反应的时间超过五分钟会大大降低大脑使用的功能，易导致交通事故的出现。所以，在设计中央的绿化带景观时需要考虑时间的因素。按照公路实际的情况，每6分钟行车距离可以将设计改变，不断变换对于驾驶员视觉上的刺激，能够有效患者司机疲劳和紧张的情绪，使得司机始终保持意识清醒的状态，降低发生交通事故的概率。

（三）景观、绿化设计

景观设计是采取"露、透、封"的设计手段，凸显自然景观，实现公路美感、增强其绿化面积，给人以舒适感。①是公路中间隔离带。中间隔离带的绿化作用主要是防止对向汽车的炫目，起到美化路宽的作用，因此中间绿化带的绿化应该与周期环境向协调，植被的选择应该符合当地的环境，选择耐旱性强、抗污染的植被，同时种植的植被要满足行车的要求；②是科学设置景观休息区，公路休息区的设置在满足其功能要求的同时，要尽量选择环境优美的地方，以此实现与当地自然环境的融合，实现人文景观的建设。

总而言之，随着我国社会经济的快速发展，公路的建设工程逐渐增多。目前的经济形式下面，公路的设计现实意义非常大，相关的设计人员进行设计时需要同时代发展趋势相结合，考虑公路设计中的景观和环境保护设计，确保在公路的建设中减少对环境的破坏，从而实现社会的可持续发展。

第四节　公路工程设计中路线布设及路基设计难点

我国地理环境复杂、公路建设跨度较大，公路路线布设及路基设计难度大。本节对公路工程的设计原则进行了阐述，并对路线设计及路基设计进行了相关说明，以期为相关人员提供一定的帮助和支持。

一、公路工程设计方案选择原则

（一）满足生态环境的需求

在进行公路工程设计时，不仅要确保公路的安全性与质量性，满足公众的日常出行需求，还要符合现代化的美学设计原则，坚持不破坏生态环境的准则，力求设计成果与生态环境的完美融合，目前大部分情况下都采取对称性与连贯性设计。

（二）满足公路工程设计的合理性与科学性

对公路工程而言，最重要的设计原则就是坚持设计方案的合理性、科学性与可行性，确保其符合现场的实际情况。比如公路建设需要穿过山川河流，那么在设计的时候，就需要结合现场的实际地形情况，将各个地形的差异化考虑在内，使用隧道等形式进行设计，确保正常通行。

（三）根据地质环境条件进行优先选择设计

在地质环境复杂的山区进行公路设计时，要对整体地质环境进行综合考虑，并结合施工进度、影响因素等，确保公路工程设计的合理性。假设公路工程会经过断层部分，为确保施工的顺利开展，在进行设计时，一定要将施工中容易发生的各类事故考虑在内并尽可能避开，例如塌方、滑坡、泥石流等，如果实在无法避开，则需要利用桥路或者降低填挖高度的方法来解决。

二、路线布设的整体设计

（一）将路线平面和垂直面设计考虑在内

在进行公路路线布设时，首先需要考虑可行性、安全性和经济性。比如遇到复杂地形需设计交通叉口，确保公路建设的合理性，同时还要重视美观，确保整体设计的和谐性与美观性。其次，公路路线的平面和垂直面设计也至关重要，一定要坚持以人为本的设计理念。在对周边的环境进行考察后，明确整体设计方案，然后逐一确定各个路线的重要控制点，最后进行平面和垂直面的设计。除了满足基本的设计需求外，还要重视整体的协调性，并充分考虑驾驶员的视觉需求，总而言之，在进行公路路线设计时，可以结合多种设计方法，只要确保协调、统一即可。需要注意的是：在进行公路设计时，还要考虑排水系统设计，使公路运输网络和排水系统相结合，以实现整体、全面的公路网规划设计。

（二）选择合适的地质路线

在进行路线布设时，要对施工现场环境及地质条件进行细致考察，全面了解施工条件、地质条件的差异性，然后再进行针对性的分析和设计。首先，对施工环境及地质条件进行全面检查，以实现整体把控，在设计过程中，既要实现对环境的保护，也要尽可能降低投入成本，以确保取得正常的经济效益和社会效益。其次，要合理运用各类技术指标，将公路质量安全放在第一位，通过运用高指标实现地面路线之间的协调性和平衡性，尽可能通过调整线路减少对自然环境的不利影响。如果线路布设区域地质环境尤为复杂且自然灾害较多，将会大大影响地质选线的过程和结果。基于此，选择合适的地质路线可以有效避开自然灾害，提升公路工程的抗灾能力，减少施工风险系数，确保施工的顺利开展。

（三）选择合适的环境路线

对于整体的公路设计方案来说，选择合适、正确的环境路线是非常重要的，可以实现公路建设与自然环境协调发展，具有一定的社会现实意义。在进行环境路线选择时，需要将施工地形考虑在内，增强环境保护的效果，使整体设计具备可行性、科学性与合理性。

三、路基设计

（一）关于路堑的设计

在进行路堑设计时，首先要对该区域的天气情况进行全面了解，对当地的地质情况、路面坡形等地理条件进行深入分析，以确保路堑设计工作的合理性。其次，在进行路面坡度、路坡形式设计时，需要根据现场情况确定设计施工方案，然后将原始稳固边坡和施工边坡进行有效结合，再对已经完成的方案进行检测和试验。需要注意的是：在进行现场实际施工时，如果出现边坡比较高的情况，则需要根据周围岩石的状况及稳定性，挖掘台阶形状或折线形状的边坡，并在边坡的一个侧面配合一处滚落台的设计。

（二）关于高边坡路堤以及陡坡路堤的设计

首先，需要根据施工现场的地质情况、施工原材料的来源情况等进行合理设计。其次，在进行设计时，需要确保设计方案的可行性、合理性与安全性，确保各类地基的牢固性，并且具备足够的强度、稳定性、耐久性。此外，还要对施工现场的各个环节进行灵活调整，一旦出现不合适的地方，需要立刻根据现场施工的情况进行高效处理，以确保施工的安全性与稳定性，特别是高边坡路堤以及陡坡路堤的设计，更要逐一进行针对性设计和检查，从而确保设计方案更合理、更安全。

（三）关于路基填挖交界位置的设计

如果开挖区域出现了岩石地质，则需要使用石料对路基进行填充；如果开挖区域出现了土质条件，处理的原材料需要具备良好的渗水性能，并将土工格栅安装到路基填挖交界位置，检测和观察地质状况及地下水的渗出情况，最后明确渗沟的设计方案。需要注意的是，要在设计方案中合理设计纵横向地下排水沟渠。

四、路基排水设计

（一）靠近河流处的排水设计

如果公路靠近河流区域，可能会对路基造成冲刷等不利影响，因此一定要格外重视路基的排水设计。首先，对公路经过的河流进行全方位的水流情况观测，尤其是发生四季变化时水流的涨跌情况；其次，再根据观察和记录的水流情况进行针对性分析和设计，以提升公路的抗灾能力，同时加强河岸水土流失的控制能力以减少河流对河岸的水侵蚀。

（二）隔离带的排水设计

公路两侧经常会种植植物，形成植物隔离带，但此类隔离带很容易出现积水的情况，因此为避免出现积水，需要进行隔离带的排水设计，最经常使用的方式就是将防水层安装在隔离带下方，并且安装好排水管，如此一来，一旦产生积水，就可以通过排水管及时排出，有效避免隔离带出现积水的情况。

（三）路基边坡的排水设计

进行路基边坡排水设计，是为了预防水对路基的危害，因此要将水排放到离路基较远的地方。在进行设计时，将排水沟安装在路基两侧的合适位置即可。

随着我国经济的发展，公路建设也在与时俱进，施工的范围越来越大，有效提升了人们的生活水平和出行便利度。但在公路工程建设中，路线的布设及路基设计仍然是一个重难点，值得公路人不断去探索和研究，相信随着设计水平和施工技术的提升，路线布设和路基设计问题将会得到一定的改善和解决，从而促进我国公路建设的又快、又好发展。

第五节　基于高边坡稳定性及治理的公路工程设计

公路工程建设中不可避免地遇到高边坡，这种常见的情况对工程施工及运营维护安全性极其不利，边坡的变形、滑塌等事故频频发生，阻碍了公路工程的发展，需要设计人员针对不同的地质情况下的高边坡进行科学合理的方案设计。本节通过分析公路工程高边坡稳定性的影响因素，研究了高边坡的破坏机理，结合高边坡稳定性分析方法，提出了边坡稳定性设计要点和处治措施。

一、公路高边坡稳定性影响因素

（一）地质条件因素

公路工程边坡稳定性的影响因素很多，不同的岩土特性和地质构造对边坡稳定性的影响程度也不相同。边坡的地质构造是其稳定性的基础因素，包括：抗震、溶洞、岩石的风化程度、节理特性、顺逆层边坡等。岩土的基本特性是高边坡稳定的基本因素，不同土体的粘聚力和内摩擦角等参数有明显的差异，粘聚力和内摩擦角是土体稳定性的物理力学特性，边坡坡度大于自身的物力力学特性时很难保证土体的稳定性，受扰动时就会发生整体失稳破坏。岩质边坡受岩石强度、节理裂隙发育程度、软弱结构面的影响，在外界的扰动下往往最弱的岩石连接界面最先发生错动失稳破坏。

（二）水文地质因素

地下水的存储及补给受当地气候条件变化的影响较大，而地下水的存在及活动影响着岩土的基本物理力学特性，决定着岩土体的力学特性能否满足工程设计标准要求，对边坡稳定性影响很大。地下水的运动改变了岩土体的剪切和法向力，当地下水进入一些裂隙或相对薄弱的结构面内时，会削弱岩土的结构抗力，使边坡形成松散体或滑动体。冬天岩土体中的地下水不能及时排水则会冻胀开裂失稳。

（三）设计因素

设计前期地勘资料不详细，对高边坡土体的物力力学特性把握不到位，设计的边坡高度、坡率及支护形式不足，高边坡的稳定性无法得到保证。

（四）施工因素

建设中的施工工法也影响着高边坡的稳定性，不科学地削坡方式，坡顶堆载、支护不及时等不合理的施工方法破坏了岩土体的结构构造，导致边坡体失稳滑塌破坏。

二、高边坡破坏机理及稳定性分析

（一）边坡破坏机理

边坡失稳破坏经历变形和破坏两个阶段，在外界因素作用下边坡先发生变形，当变形积累到一定程度则会发生失稳破坏，边坡在失稳破坏前伴随的有变形特征，在了解高边坡变形破坏机理和破坏模式下，有针对性地对边坡进行设计加固。边坡变形一般为结构体蠕动变形和岩土体松动变形及边坡开挖成型后的卸荷回弹变形，发生在结构体内部通过监控量测进行观察掌握。结构体内部的细小变形不断发展则演变成土体剥落、滑动、崩塌、弯曲倾斜等破坏模式。

（二）边坡的稳定性分析

根据边坡体的物力力学特性、几何尺寸、表面形态和外界荷载条件，边坡稳定性分析的方法分为工程类比法、瑞典圆弧条分发、整体圆弧滑动法。工程类比法在边坡设计中用到的较多，它是根据地勘提供的地质资料和现场地形走势，参考《工程地质手册》和其他类似工程设计边坡坡度值，作为边坡稳定性判断方法；瑞典圆弧条分发通常预先假设，采用块体极限平衡理论来计算稳定性系数，边坡稳定性系数是反映边坡稳定状态的指标，是抗滑力与下滑力的比值，值的大小反映边坡稳定程度，值越大边坡越稳定；整体圆弧滑动法是按照极限状态时均质边坡内摩擦角、坡角与稳定系数之间的关系曲线，计算土体的极限高度，当实际高度超过这个极限高度值时，则视为该边坡是不稳定的。

三、公路工程边坡治理设计原则

（一）预防为主的原则

在进行道路线性设计时，做好前期的地调工作，尽量避开地质情况复杂和易发生地质灾害的深挖高边坡路段，如果避免不了则设计合理的边坡加固措施，加强边坡土体强度，保证高边坡的稳定性，做到事前预防，减少后期事故的发生概率。

（二）针对性根治原则

边坡的稳定性受施工的影响较大，在建设中应根据边坡土体的具体影响因素，深入分析造成边坡失稳的原因，有针对性地制定相应的处治方案，严格按照治理方案进行施工，确保工程质量，争取一次性解决边坡稳定问题且不留后患。

（三）兼顾经济与技术的原则

设计时要综合考虑治理的经济效益，在满足相关标准要求的情况下，制定不同的边坡治理方案，尽可能选择最优成本较低的治理措施。在兼顾经济的同时充分考虑边坡治理的技术措施，优化施工步骤，选择技术与经济最佳的方案。

（四）综合性治理原则

造成边坡失稳的因素有多种，危害程度也不尽相同，在治理时充分考虑病害的成因及危害，分清主次因素，结合现场监测数据，有关键性地综合治理，消除高边坡失稳的危害。

四、高边坡设计和治理措施

（一）设计要点

（1）设计要建立在对工程地质资料详细调查的基础上，消除或规避不良地质对边坡稳定性的影响，设计人员应高度重视提前预防，如不能避免需有科学合理的加固方案，确保高边坡施做和运营的安全。

（2）根据实际情况详细研究高边坡病害产生的原因，提出相应技术解决方案，避免安全隐患的发生，对提出的技术方案进行经济性分析，以技术可行和成本投入合理为设计目标，实现高边坡处理的科学和经济效益。

（3）引起边坡失稳的因素较多，有设计也有施工方面的原因，在制定处治方案时，综合考虑各方面的因素，从技术质量和管理上进行综合考虑，避免高边坡失稳的发生，同时设计中需要结合环境及美观性，制定实用和合理的综合性处治方案。

（二）高边坡治理措施

1. 合理选择高边坡设计方法

高边坡设计方法分为经验对比法、工程地质对比法和力学计算法，结合工程实际情况，制定科学合理的边坡治理设计。经验对比法主要以设计人员主观经验为依据，把当前工程的地质条件等与已建成的边坡工程进行对比，选择合理的边坡参数进行设计；工程地质对比法是结合自然稳定的边坡坡率与要设计的边坡进行比拟，进行合理的工程地质验算；力学计算法是在收集工程的地质情况及岩土体的物力力学参数，对高边坡的设计坡率进行力学稳定性计算。对于设计人员来说要根据自身条件和资源选择合理的边坡设计方法。

2. 做好边坡的防水及排水措施

近年来，据统计我国多数的高边坡失稳破坏大多是由于排水不畅，导致边坡被水长时间浸泡，使岩土体软化，降低了岩土体的抗剪强度和承载能力，使结构体沿着某个软弱结构面发生滑移破坏。因此做好边坡的排水措施是非常有必要的，使边坡岩土体周围和表面不存在积水或汇水，可以根据工程实际情况设计排水沟、排水管或渗水通道的方式对边坡周围的水进行排放，有效改善边坡稳定性的环境需要。

3. 加强坡面支挡与防护

（1）设置挡墙或抗滑桩。根据边坡滑动的危害和程度不同，针对小型的滑坡可以通过设置预应力锚杆、加筋土挡墙等方式实现良好的防护效果。对于中大型的滑坡，挡土墙难以却得到良好的防护效果，考虑在滑动剪切面中埋设抗滑桩，增强土体抗剪强度，与挡墙相比更具有方便灵活的特点。

第六节　BIM 技术在公路工程设计中的应用

公路工程是国民性基础工程，是交通运输行业重要载体，直接影响交通运输行业发展。所以，应对公路工程施工质量引起一定重视，深入探究、创新公路工程管理以及施工技术，实现公路工程的高质、高水平发展。BIM 技术是一种新型三维立体建模技术，已经被广泛应用于公路工程施工之中，但是，由于我国 BIM 技术起步较晚，尚处于初步探索阶段，需要在实践中不断改进，完善 BIM 技术在公路工程中的应用，推动我国公路事业实现更好、更快的发展。本节结合 BIM 技术的定义与特点，深入分析 BIM 技术在公路工程设计中的具体应用，为推动 BIM 技术形成完善体系，提升我国公路工程质量提供了宝贵的借鉴性经验。

一、BIM 技术定义

BIM 技术是一种新型数据化、信息化技术，以计算机技术和大数据作为技术支持，构建起清晰、直观的工程三维模型。应用 BIM 技术首先应对工程项目对象进行信息搜集，对项目信息进行整理、筛选、整合，筛选出有用的工程信息数据资料，通过计算机技术结合有用信息构建工程项目三维模型，能够方便设计人员随时对项目设计进行修改、完善，对整个设计以及施工过程实施全程动态监管，有利于完善项目设计方案，有效控制项目材料成本、人工投入成本等，实现工程项目经济效益与社会效益的同步提升。

二、BIM 技术在公路设计中应用优势

（一）提升工程数据计算精准度

在公路工程设计环节应用 BIM 技术，能够将公路工程信息清晰、全面地展示在三维模型之上，方便技术人员将整合信息与公路工程实际信息进行对比，及时找出工程设计方案中的不足之处，完善设计方案，避免在实际施工时出现工程事故，能够有效规避工程施工风险，提升公路工程施工整体安全性。BIM 技术应用在公路工程设计之中，通过计算机技术、大数据与专业人工对信息数据的筛选，能够有效提升工程数据信息获取精准性，同时也提高了公路工程数据信息获取效率，为编制科学合理的公路工程设计提供了强有力的数据支持。

（二）加强不同部门之间联系，提升互动性

传统的公路工程设计缺乏与业主方的沟通，只是在设计之前，与设计完成之后与业主方进行意见交流，导致业主方的诸多意见不能及时、准确的在设计方案中显示出来，需要进行多次修改，既浪费时间，也造成人力成本投入加大。BIM 技术能够有效改善这一问题，BIM 技术能够有效将不同部门，不同施工环节联系起来，促使各个项目参建方面加强交流，能够整合不同优秀建议，实现资源的高效配置，以提升公路设计方案的实用性与整体性。

（三）提升公路设计方案水平，优化设计方案各个环节

公路工程是一项涉及环节较多的综合性复杂工程，所以，公路设计也是一项较为复杂、专业的工作环节，需要结合公路工程实际情况不断做出调整、改善。公路设计中，各个环节之间联系性强，只要有一个设计环节出现了错误，需要设计人员再次投入大量的人力、物力、财力进行设计方案完善，尤其是对数据的再次整理和筛选，工作量大，极大地降低了工作效率，不利于对公路工程成本实现有效控制。BIM 技术的应用极大地改善了上述情况，使用 BIM 技术，能够优化公路工程数据信息，提升数据信息精准性，减少数据信息获取时间，提升工作效率与质量，从而实现优化设计方案的目标。

（四）可视化建模

BIM 技术与其他技术最大不同就是使用参数代替数据信息，进行建模。将公路工程中各种数据信息以参数的形式表示，对不同参数进行分析，实现公路工程三维、立体模型的

建立，能够准确、清晰地将不同施工环节以不同参数的关系表现出来。原有的最常使用的公路设计软件为 CAD 设计软件，虽然也能够呈现出设计图纸各个关键点，但无法将公路工程的整体以三维模型方式展示出来，BIM 技术能够将公路施工各个环节的具体情况清楚的展现出来，极大地降低了公路设计中出现的失误，将企业经济损失降到最低。所以，在公路设计中应用 BIM 技术是十分必要的，应引起企业相应重视，不断实现对工程项目的优化调节。

三、公路设计中 BIM 技术的运用

（一）公路构件结构树的建立

在公路设计中，应用 BIM 技术，最为关键的就是构建完善公路构建结构树系统，将各个施工环节、原材料使用情况、具体人工安排等清晰的规划在结构树的系统之中，有利于对公路工程整体实现动态控制，实现对公路共工程数据信息的集中掌控，提升公路工程管理水平。在构建公路构件结构树时，应立足于公路工程整体，对公路工程按照不同的施工环节进行构件拆分。一般将公路工程构件拆分分为四个层次：①对公路工程实际情况进行全面勘察，例如：施工地段地形地貌、水文地质条件等，结合不同施工条件，对公路施工环节进行划分；②对以施工缝为界的功能组合进行细化；③进行工程量清算，重置工程资源配置，优化设计方案；④进行项目工程建模，按不同施工环节进行构件的细化分配，将各个构件整合在一起并完成公路工程构件结构树的构建。

（二）有利于对公路工程设计进行信息化管理

BIM 技术是信息化技术的优良产物，应用在公路设计之中，推动公路工程管理朝着信息化、现代化的方向深入发展。在公路设计阶段，应用 BIM 技术进行工程三维模型构建，能够及时准确地找出工程设计中存在的问题，完善公路工程设计，提升公路工程设计实用性与可行性，为公路工程施工提供科学有效的指导依据，提升公路工程施工质量。公路工程由于其施工场地、环境的特殊性，在施工中，存在许多不可控因素，设计方案也需随着不同因素的变化而进行修改。一旦发现施工设计与公路工程实际施工所需出现差异，可以直接更改工程三维模型中的相关参数，修改简单，不需要对整个工程设计进行修改，提升工作效率，确保施工进度，从而提升公路工程整体施工质量。

（三）工程量统计和方案对比

通过使用 BIM 技术构建的三维立体工程项目模型，能够为公路施工全过程提供强有力的指导依据，由于对公路工程施工各个环节进行细化，有利于将各个施工环节整合起来，计算出精准的工程量清单，确保工程量计算的准确度。通过对 BIM 模型的深入分析，能够实现对公路工程施工现场各个环节的模拟施工，有利于进行公路工程量清算，传统的工

程量清算主要是依靠人力进行梳理，不仅工作效率较低，工程量计算精准度也常受到影响，通过 BIM 模型进行工程量计算，能够极大地提升工程量清算的效率与数据计算的准确度。同时，使用 BIM 建模技术，能够清楚、准确地分析出不同工程设计方案的优势，有助于选择出最佳工程项目方案设计，同时，能够随时更改建模参数进行工程设计的修改与调整，以确保公路工程顺利、高效完工，提升公路工程整体施工质量。

BIM 技术是一种新型的三维工程建模技术，广泛应用于各个行业之中，尤其在公路设计中取得了一定的成绩，所以，应该重视 BIM 技术在公路设计中的应用，为提升公路设计水平提供强有力的技术支持，推动我国公路行业实现健康、可持续发展，加快我国城市化建设，提升国家整体竞争力。

第七节　CAD 技术在公路工程设计中的应用

通过多年的设计实践，CAD 技术存储方便，而且使用的过程中快捷简便等诸多优点，逐步在工程设计的过程中扮演非常重要的角色，本节重点分析研究 CAD 技术在公路工程建设设计过程中应用，以供参考。

伴随当前计算机外围设备发展速度进一步加快，CAD 技术越来越完善，越来越成熟，形成了一门实用性的技术，广泛地应用于工程设计当中。

一、公路 CAD 技术在工程设计中的优点

CAD 技术在使用的过程中可以让劳动强度进一步降低，确保路面的整洁性，通过 CAD 绘图可以使用一只鼠标将所有想要做的工作完成，具有统一的字体库、线型库，而且图片在设计的过程中相对较为整洁，可以让设计过程中的工作效率进一步提高，相关设计可以进行再利用，其次可以让设计质量提高。在当前程序库数据库的帮助下，公路 CAD 技术逐步可以对设计的成果和经验进行继承，由于计算机准确高速等诸多特点与人机交互设计进行有效的结合，可以更好地优化相关的设计方案，让工程设计过程中的质量进一步提高，控制工程投资的资金，保证工程建设过程中的规范化，最后在资料保存方面具有很大的优势。

二、CAD 技术在公路工程设计中的应用技巧

（一）在 Word 文档中插入 CAD 图形

CAD 软件有一些功能强大，在绘图方面巨大的优势，通过 CAD 进行图形的绘制，接着插入 word 当中，形成复合型的文本，是解决这些问题的重要基础。通过 CAD 形成

explode 功能，将 CAD 图形通过 wmf 或者 bmp 的形式进行输出，接着向 word 文档当中插入，也可以首先拷贝 CAD 图形，接着粘贴到 word 文档当中，另外需要重视的是因为 CAD 在设计的过程中，背景颜色默认为黑色，而 word 背景颜色默认为白色，所以在插入图片之前。首先需要将背景颜色改变，形成统一的效果，与此同时在 word 文档当中插入 CAD 图片的过程中，可能会出现空间过大等情况，无法获得较好的效果，所以通过 word 图片工具栏进行剪裁，可以做好相关的修正工作并解决空间过大的问题。

（二）CAD 表格制作

虽然在使用的过程中，CAD 的图形功能较为强大，然后在表格处理方面不强，在实际操作的过程中往往需要进行相关表格的制作，比如说工程数据表需要高效地进行数据图表的工作，这是非常重要的一个问题，在 CAD 条件下手工进行画线对表格进行绘制，再在表格当中进行文字填写的过程中，效率相对较低，无法对文字的书写位置进行精确地控制，在排版的过程中也会出现很多问题，虽然当前 CAD 支持一些嵌入式链接对象，然而在进行 Excel 表格或 word 插入的过程中再修改不是非常方便，如果需要进行修改则需要进入 Excel 或者 word 当中。在完成修改之后再插入到 CAD 当中，另外一些二级钢筋符号、一级钢筋符号等特殊符号很难在 Excel、word 当中进行输入。通过进一步地探索分析发现，要想将这个问题解决，首先需要在 Excel 当中进行表格的制作，接着将其向剪切板当中复制到 word，在 CAD 环境当中进行编辑，形成 CAD 的文档，再将表格形成 CAD 实体之后，再用 explode 导出，对相关的方字和线条进行编辑，这样操作较为方便。

（三）线宽修改

CAD 形成了一种多义线宽修改命令，pedit 可以修改多义线线宽，如果不是多义线，可以首先通过相关命令将其进行多义线的转化，在对其进行改变，然而 pedit 在操作的过程中相对较为复杂，每次只能对一个实体进行选择，在操作过程中效率不高。而 CADR14 附赠程序 Bonus，产生 mpedit 的命令，可以批量的对多义线环境修改。在操作的过程中较为方便，而且在 CAD 当中能够在属性当中对线宽进行定义，只需要将线框当中实体改变，对其属性进行更改，就能够修改线宽，与此同时多义线线宽同 Line Weight 都可以对实体线框进行控制，区别在于 Line Weight 在控制线宽的过程中控制实体线宽，而多义线线宽主要对相对线宽进行控制，也就是说不管图形通过多大的尺寸进行打印，wiLine Weight 在线宽方面不会出现较大的改变，而多义线的线宽可以依照打印的尺寸灵活地进行调整，无论进行多少倍的缩放 Line Weight 在线宽方面都不会改变，而多义线可以随着打印缩放的情况进行改变。

三、CAD 技术在公路工程设计中的应用

（一）CAD 在公路工程业外测量中的应用

在公路勘测设计的过程中，外业测量是非常重要的一个环节，是进行建筑施工信息获取的基础。在当前工程勘测技术信息化发展时代，遥感技术、GPS 技术的综合应用让勘测实效性进一步提升，这些勘测技术在应用的过程中有机地结合了上述工作环节，在处理分析管理的过程中的效率进一步提升，形成了大量数字化勘测的结果，CAD 技术可以基于这些探测技术进行联用，将相关的测量结果当中导入计算机，利用图形处理的功能对各工程图纸进行直观的体现，方便操作人员进行调用和查询，与此同时，在外业测量的过程中，通过 CAD 技术能够有效地与对传统设计的工作流程进行整合，有效地联通勘测和设计的各个环节，通过基础信息数据的标准化传输，让外业测量信息应用得以实现，工程勘测过程中实际效率进一步提升。

（二）CAD 在公路工程工程内业设计中的应用

在公路工程选项设计的过程中，涉及各个环节和内容，比如说水文、地质、地形、地貌等，都会对选线方案产生直接影响。在工程线路设计的过程中，通过 CAD 技术能够对前期工程公路开设的结果进行充分的考虑，形成可视化的图纸，进一步深入研究路线的选择情况，在可视化的条件下积极参比各种数据，比如说地质条件和流水，都能通过相关数据的分析和研究，可以提高公路选型设计过程中的科学性、合理性，为后续的工作打下坚实的基础。

（三）桥梁设计

在桥梁设计的过程中引入 CAD 技术，可以形成丰富的模型数据库，让桥梁设计更为标准化。桥梁工程的各个构件设计和分布结构具有较大的信息量，在实际设计的过程中，设计人员需要投入大量时间进行分析和比对，CAD 技术为桥梁设计打下了坚实的基础，形成了完善的标准化结构模型，设计人员可以合理地对应用模型进行选择，将桥梁模型应用到设计方案当中，并且优化相关的参数，对局部进行调整，形成理想的设计方案。

（四）涵洞设计

PCVX 是一种公路桥涵设计系统，可以有效地和 CAD 之间进行内存共享，另外还可以在 CAD 条件下进行成果图的绘制，与此同时这项技术可以进行多项图形的计算和绘制，符合图形布置的具体需要。与此同时，在对涵洞进行设计的过程中，PCVX 可以对数据库当中的内容进行整合，进行涵洞构造图的绘制，通过 CAD 计算机辅助软件对路基的测量参数进行确认，并且做好分析和修正的工作，为后期设计人员的设计打下坚实的基础，让设计的准确性提高。

第四章　公路工程管理研究

第一节　公路工程管理中的问题与改善

本书主要从技术人员管理问题、施工质量问题、合约问题及成本管理方面分析公路施工管理中的问题，进一步提出公路工程管理中问题的解决措施，主要通过理论与实际相结合、增强技术检测能力、建立公开招标平台、建立科学施工队伍方面来实现，旨在提升管理成效，维护公路工程建设的综合效益，仅供相关人员参考。

近几年，我国公路工程建设过程中，由于管理不到位导致诸多问题出现，此种情况下公路工程建设质量无法得到保证，严重影响公路交通的正常运行，甚至给社会群体的生命财产安全造成严重威胁。在此种情况下，为全面提升公路工程管理成效，加强公路工程质量控制，探讨公路工程管理中的问题与改善措施是非常必要的。

一、公路施工管理中的问题

（一）技术人员管理问题

施工现场人员多而且杂，各岗位人员素质良莠不齐，直接影响施工工程的质量。由于各岗位人员层次存在一定差异，无论是在安全意识方面，还是在技术标准等方面，对于问题的分析也有所不同。一旦施工过程中会产生分歧发生矛盾，势必会影响公路工程建设进度和质量，甚至给公路工程埋下隐患。

很多施工方为降低人员工资开销，施工前找一些临时工充当技术工种人员，但实际上这些群体并未接受规范的岗前培训且不具备公路施工专业素质与综合能力，在参与公路建设的过程中操作规范性不足，极易对公路施工质量造成不利影响，甚至给公路工程项目造成不必要的损失。

（二）施工质量问题

工程质量管理是整个工程的重中之重，极易受到多方面的影响。比如，人员素质、技术熟练度、施工材料质量等。很多施工项目规划很好、标准很好，但是缺少技术过硬的熟练技术工人，员工素质低技术不过硬导致工程质量出现很大漏洞，工期管控不到位且工程质量低下。

大多数施工单位只重视施工带来的经济效益，忽视施工质量要求，导致出现很多豆腐渣工程，桥梁倒塌、路面凹陷等现象发生，即使事后补救也不能挽回企业形象的受损。

技术人员与施工人员进行工作交接时，必须要加强细节管理与控制，从细节抓起对注意事项进行研究讨论，发表各自不同的观点最后达成一个合理的方案，运用科学管理控制施工中存在的难点疑点，充分考量施工中存在的意外事故，做好提前准备。

（三）合约问题

公路工程工作量大而复杂，涉及范围广，因而合约管理难度较大。合约业主如果私下添加一些对自己有利、对他人有害的合约条款，实际上是很难发现的。业主不按照合约内容进行施工操作，导致施工工期长，资金周转困难人员混乱的情况下，极易导致工程质量下降。

业主为满足自身经济利益私下添加条款，造成一些不必要的浪费，未让资源达到合理的运用拖延工期，并造成施工现场秩序的紊乱。此种情况下要求领导人员充分发挥带头作用，以身作则投入到工作中去。此外，还应建立一套完善的监督机制，严格遵守规章制度规划好每个部门的职业任务，最大程度上避免业主徇私舞弊现象的出现。

（四）成本管理

一个工程开始施工前都有着固定的成本资金，工程施工前业主与施工方进行科学地规划，投入合理足够的前期成本。但是有些施工单位并未对其资金进行合理运用，甚至出现按照个人喜好随意支配资金的情况，造成工程资金不足工期拖拉。在资金成本中未能科学合理安排运用，缺乏专业知识。施工队伍领导人应以身作则，领导员工进行成本规划避免徇私舞弊的发生。一个好的工程重在质量，成本的控制虽然重要，但是不能忽视质量，相关技术人员必须要加强对于成本的控制，做到既不抬高也不压低。由此可知，公路工程管理中成本管理是一项重要内容。

二、解决方案

（一）理论与实际相结合

在道路桥梁的施工设计中，必须要坚持以理论为基础，按照理论做好前期规划工作，为后期科学改动提供有利条件。中国古代桥梁建筑举世闻名，百年不倒，造桥理论在当今也是可以用的，书本上的知识与理论相结合，既能保证施工顺利进行，又能提高施工质量。

在施工前，建立严格的监管制度进行全面分析，保证设计能够满足当前技术条件施工资金。施工队伍与设计人员技术人员，理论与实际相结合，设计出合理美观的规划图，在技术人员的指导下，施工人员科学合理进行施工，对影响施工质量的因素进行分析解决达成最佳方案。

（二）增强技术检测能力

公路工程是否可以顺利进行，技术检测占很大一部分。检测分为自测、工程师监测和监管部门监测三部分。自测是最重要的也是最容易被忽视的，导致施工质量不达标造成事故的发生。所以，要在自测方面下功夫，做到自己检查自己多方位、多层次的系统有计划的检测。一旦在检查过程中发现问题，技术人员和施工人员合理科学地处理问题，提高工程的整体质量达到行业标准。

（三）注重工程材料的质量问题，建立合理公开的招标平台

只有建立一个公平透明公开的招标平台，才能保证施工材料选材透明不存在徇私舞弊现象。提高技术人员职业素质，以工程质量为衡量标准，不因一己私利贪污行贿，以认真做事原则保证材料达到行业标准。建立公开的招标平台确定材料质量达到工程标准要求，没有其他人员从中缝缝，招标文件要一步一步地通过审批，取得政府通过文件备案后，施工单位进行材料采购。

一旦出现徇私舞弊现象，无论是谁都要严加处理严惩不贷。招标后，选用技术过硬经验丰富的老技术人员选拔施工人员采买材料，公平透明的招标平台使得材料的选用变得透明，从而达到降低工程成本。

（四）建立科学合理的施工队伍

一支专业素质高的施工队伍，会让整个工程的实施顺利完成事半功倍。人才的质量是施工前的保障，在面试环节，应加强专业技能的选拔，尤其是在岗前培训期间要高度重视人员操作技能训练。人才的选拔很重要，公司应对其进行定期培训，传授施工技巧与方法，提高工作效率减少误差的产生。工作时间长对体能要求要求很高，在选拔过程中侧重于体能考核。挑选最优秀的施工人员，对其特殊培训。

优质施工队伍的组建，要确保施工人员能够具备良好应变能力，能够结合时代发展需求及时更新理念，不断强化自身技能，提高专业技术水平。领导应该充分调动员工的积极性，活跃施工队伍气氛，关心员工个人问题，多为员工考虑，尽可能消除安全隐患，保证经济效益，提高员工的职业归属感，全方位提升综合素质，强化员工的集体意识，确保其能够以饱满的热情参与到工作中，能够自觉与同事团结协作且避免钩心斗角等情况的出现。

社会的发展离不开公路的建设，公路建设的发展同样促进经济的发展。完善管理制度，提高人员素质，协调各方面影响因素，公路施工管理是很复杂的，只有建立一套科学完善的施工程序降低施工成本，才能保证施工效率发挥最大经济效益。施工前的招标平台要透明，采办材料要合理，施工中的人员选拔要全面考虑，设备器械要合理运用，施工后要注意后续工作的交接，接受社会各界的审查与监管。对于错误及时改正，面对赞许切勿焦躁。

总之，施工方投资方只有成本效益两头抓才能实现经济与成本的平衡，达到利润最大

化。在公路工程管理过程中，要建立一支科学、透明、信息化的专业施工队伍，完善相关规章制度达到企业和社会的共同认可。公路建设要从质量、安全中考虑，把规章条例中的重点部分落实到实处，加强相关人员的培训，生活离不开公路，保证社会秩序的稳定离不开公路的建设。要想提高公路质量，不光要从施工质量抓起还要从材料、科学技术、人员、资金等多方面考量。培养相关技术人员，加强施工人员自身素质，减少因施工错误，技术问题发生的公路事故，提高公路路面的质量，加快社会主义现代化进程。

第二节　公路工程管理模式

我们国家在公路施工管理方面已经有了不小的进步，在成绩上也有了比较明显的上升，然而目前的公路施工管理质量与水准都没有达到一个比较理想的标准，伴随的是一些各类施工方面事故的发生，经常出现工期延期问题以及一些比较严重的交通安全事故等，所以目前我国公路施工方面在社会上影响较差，实际的施工质量与控制方案也有待提高。

一、公路工程施工管理主要内容以及重要性

伴随我们国家的综合实力不断增强，国家在公路建设方面的投资力度也越来越大，对于公路的施工技术研究也越来越多。虽然我们国家的经济水平有了明显的提高，但随之而来的是公路所负荷的交通运载量也急剧上涨，所以随着人们对公路行驶的质量需求不断提高的同时也给公路工程的发展带来了巨大的压力。所以我们需要提升对施工质量的管理方案才能有效地推动我们国家公路工程的全面发展。施工管理的内容包含对生产原材料、施工工作人员、所用设备与施工的工艺等几个重要的方面进行严格地把控。针对像资源配置、生产的协调问题等一些对公路工程质量存在一定影响的方面也要制定严格的标准进行把控，这样才能够有效地保障整个工程的顺利进行。然而由于公路施工工程当中所需要的工艺难度是比较大的，并且所用到的设备复杂性也非常高，这就会使施工过程当中出现一些不可避免的细节问题，如果处理不到位的话会对最终的施工质量造成很大的影响。所以负责管理的工作人员需要在曾经发生过的事故当中吸取一些经验，同时他们也需要具有根据实际环境相应的改动管理制度的能力，这样有效地削弱针对在不同地点施工时产生的差异性带来的影响，能够更进一步地提高施工管理在公路工程当中的作用。

二、公路工程施工管理工作中存在的问题

（一）施工管理中存在的技术问题

任何一个国家最基本的交通建设设施都是公路，公路的建设也是普遍性最高的。伴随

我们国家经济增长的同时公路工程的总长度也在不断增加着，现在依然存在很多公路工程处于施工或者待施工阶段。但因为我们国家的公路工程发展时间相对较短，所以在管理工作这方面也不够成熟，这也就需要所有的工作人员共同努力才能够进一步完善管理方面的制度。在实际的施工当中，工程测量与土石方的测算是两种非常基础性的工作，但同时也是非常容易出现问题的阶段，这些问题会对后续的工程施工造成很大的影响。

（二）施工管理中存在的人员与制度问题

公路工程最有代表性的特点就是施工难度非常大、对于技术要求非常高并且施工工作人员也是很复杂的，所以在实际的施工管理当中既要解决相关的技术性问题，也要解决人员与制度方面的问题。所谓的人员问题，也就是施工工作人员的综合素质不够高，他们在专业技能方面比较薄弱，一些施工人员在施工当中对图纸的理解比较差，进而根据自身的经验进行工作，这会给整个工程带来很大的安全隐患问题。除此之外，存在一些施工管理工作人员在进行管理的时候没有一个端正的态度，在意识方面比较薄弱，他们对施工监督的及时性与力度上都有着很强的滞后问题。制度方面问题主要体现在整个体制不够完善上，通常会发生出现事故之后责任人不够明确的问题，这就会给整个工程的施工带来很大的负面影响，也会直接威胁施工质量。

三、公路工程施工管理措施

（一）建立公路工程施工管理制度

在公路工程管理工作当中需要制定出一个科学合理的管理制度，才能够有效地保证整个施工的顺利进行。也就是说只有更加完善、健全的施工管理体制才能够有效地保证施工的正常进度、高质量水平以及安全性问题。除此之外，在对施工管理体制进行完善后也要设定有关的考核机制，特别是对施工现场的管理进行考核，在具体施工工作开展当中既要强化对施工人员的监督管理同时也要对每个人需要承担的责任进行明确，进而保证整个施工的顺利。

（二）做好材料管理和人员管理

在公路施工当中，施工的原材料是非常重要的组成之一，所以对材料的管理需要更加严格，如果材料管理方面出现一些问题的话就会给整个公路施工带来巨大的影响，严重的话会导致比较大的经济损失，所以施工阶段对于材料采购方面，采购人员需要对材料的需求量有一个足够深入地了解，这样才能避免出现一些浪费现象。材料采购之后就要进行科学的管理，对于每种材料要选取它们最适当的保存方式，例如一些铁质材料比较容易生锈，所以需要放在比较干燥的地方保管，这样才能保证在需要的时候，施工材料可以正常被使用。人是公路工程施工当中的主体部分，工程的操作、管理与组织都是由人来完成的。这也代表着工作人员的管理水平、组织能力以及专业技术能力等都是公路工程比较直接的影响因素。所以在工作开展当中，需要提升对施工工作人员职业素养的重视程度，同时要利用更加成熟的管理体制明确相关人员的责任，进而给整个工程在人员方面打下良好的基础。而对工作人员进行管理的时候，既要充分地激发每个施工人员的工作兴趣，对他们的施工状况也要严格的监督与管理，把握好每一个细节，让施工人员有一个良好的工作态度，这样才能保证工程质量。

（三）公路施工现场的管理要点分析

整个工程质量控制的核心部分就是对于施工现场的管理，它能够直接影响着整个公路工程的质量以及公路投入使用后的实际效果，所以就要对公路工程当中路基不均匀沉降、路面不平整等问题进行严格地检查，对其工艺进行严格的把控，以免后续出现这些容易发生的质量问题，进而对公路的使用造成影响。因此我们以一些质量通病为例，进行简要分析。针对路基的不均匀沉降，这一问题会致使路基失去稳定性，导致路体的内部发生开裂现象，这会对行车的安全以及人身安全造成非常大的影响。这一问题发生的原因通常是因为路基没能够被压实，所以在对路基分层填筑和压实工作上就要加大管控力度，减少该问题的发生。而对于同样经常出现的桥头涵顶跳车现象的解决方案是在处理路基与桥涵接头的时候要尽可能地做到仔细，并对相关机械的操作进行规范，这样才能有效地保证桥梁的质量符合标准。而对于公路的平整度比较差这一现象，它会对公路的使用直接造成影响，所以在对混合料搅拌时均匀性等一些参数标准要拿捏到位并且进行严格控制，这样才能有效地保证整个路面良好的平整度。

公路工程是我们国家在交通方面最基础的设施，人们的生活与工作都是与它息息相关的，同时我们国家的社会经济发展也与它有着紧密的联系。所以如果想让公路工程能够稳步发展，首要的就是提升对公路施工技术管理的效果，也需要对目前存在的一些问题进行深入地分析，要准确地发现问题的根源所在，这样才能根据其原因给出最佳的解决方案，要敢于使用新型的施工材料与工艺，强化管理制度，这样才能让整个公路工程的管理工作有一个新的进步。

第三节　公路工程管理创新探析

在我国的城市交通中存在着一个很令人头疼的现象，那就是人车拥堵，那么解决好公路工程建设，就会很大程度缓解这种局面，还可以减轻居民的精神压力，并能稳定人们的基本生活。可是公路施工项目中有很多的问题，这就需要我们把这些问题控制在萌芽状态，千万不能等到事情发生了再去解决，那样，会花费很多的物力、人力和财力。此外还需要通过创新型管理措施来推动工程管理的发展，实现公路企业效益最大化，从而增强企业核心竞争力，实现可持续发展根本目标。

公路工程管理创新发展工作开展得好可以进一步提高公路工程的管理水平。公路工程管理工作的创新发展一般是补救目前管理工作存在的问题，提出解决问题的措施，以更好地推动公路工程工作的开展。在这个不断发现问题和解决问题的过程中，可以潜移默化中提高公路工程的管理水平，对于提高公路工程的管理质量都有重要的作用。

一、公路建设施工管理的必要性

（一）可增强交通运输的可靠性

公路是交通运输的一个基础性环节，公路工程的施工管理质量与交通运输的功能性有着密切的联系。保证施工管理质量的合格，才能够保证交通运输功能的可靠性；另一方面，只有建设工作符合标准，才能够保证交通运输功能的有效性。因此，在公路工程的施工建设中，要保证工程建设质量，才能够保证区域内经济运行的稳定性。

（二）改善大众的生活习惯

在现代化的社会中，由于越来越多的人选择驾车出行，因此，人们对公路工程的要求标准也相应提高。在实际的施工过程中，如果采用科学、合理的管理方式，就能够极大程度地降低施工对居民日常生活的影响程度，同时，能为居民提供高质量的公路，保证居民出行的安全性与便利性。因此，公路工程施工管理还会对我国居民的生活产生一定的积极影响。

（三）增强区域经济交流

不同地区之间都是依靠公路进行连接与联系的，因此，公路工程施工管理对区域经济交流也发挥着极为重要的作用。发达的交通系统会维护区域之间的联系，加强区域之间的经济联络，并促进不同地区之间的经济、文化交流。此外，公路工程施工管理还会提高公路建设的有序性与高效性。对于公路工程建设而言，最基础的就是建设施工的安全性与稳定性，只有保证施工质量，提高施工管理工作的有效性，才能最终保证建设施工的安全性与稳定性，促进交通运输的平稳运行与健康可持续发展，才能进一步加强各个地区之间的联系与交流。

二、公路工程管理的现状

（一）管理理念落后

公路是人们日常出行中应用最广泛的交通基础工具，当前我国的公路工程全面发展，建设项目越来越多，而一些公路的施工企业往往只是注重施工的进度和经济效益，而忽略了工程的管理，对于管理的创新意识也是非常低。而在公路工程的施工过程中，管理所占的地位是不能取代的。只有优秀的管理方式和方法才能提高工程的质量和安全以及进度等，而以往的一些传统观念已经不能满足当前的企业发展，因此公路工程的管理理念创新势在必行。

（二）缺乏专业的管理人才

公路工程施工管理是一项非常复杂而且繁重的工作，因此，公路工程的管理人员必须具备丰富的管理经验、充足的技术知识和操作能力等等，还要在工作的过程中不断地进行总结。而当前我国的公路工程管理人员主要是以刚毕业的大学生为主，这些人在进入到公路工程的管理中之后，虽然在工作态度和工作热情方面都比较优秀，但是对于当前的一些先进的施工技术和管理的经验以及处理紧急事故的能力方面还是有所欠缺的。另外，一些公路施工企业中的管理人员虽然有着非常丰富的经验，但是，缺乏一定的创新意识和能力，导致很多的管理方法已无能适应当今企业的快速发展，给企业的管理和进步造成了阻碍，也限制了企业经济效益的发展。

（三）管理水平低

目前我国的公路工程管理所体现出来的最大的问题就是管理观念的陈旧，一些施工企业的规模比较小，这些企业当中也没有完善的管理体系，再加上技术型人才的缺乏，就会造成整个公路工程管理的水平下降。因此，在公路工程的管理过程中，需要不断地对管理的观念进行更新。建立完整的管理体系，聘请高技术的人才进行管理，提高管理的效率，促进企业的长足发展。

三、实施公路工程管理创新措施

（一）公路工程管理需要理念创新

实现公路企业理念创新，①管理者高度重视。在企业经营方向上，明确战略目标，不断更新思维、创新想法，在经费支持上要加大投入力度，及时改变传统陈旧思想，引进先进管理人才、技术人才，同时还要在内部通过积极培育，做好人才资源的建设与培养，从而在企业内部形成一个人人创新的良好空间，全面提升创新意识、改变思维；②树立长远目标。各级公路施工企业需要在企业战略上明确创新思路，把创新理念定位在企业长远发展战略高度看待，采取切实可行的措施，推动企业各方面工作内容的创新，要看到市场发展变化，积极应对时代潮流发展方向。

（二）公路工程管理需要组织创新

以往公路工程管理组织机构当中，实行的是项目制，项目经理部代表公司订立合同，合同实施完毕后则会马上解散，但是项目经理部事实上并非企业法人，不能在出现纠纷时承担责任，也就出现了责任不清的问题。项目经理可能随时支配人力、物力和财力，但公路企业却不能对项目经理形成一定监督和制约。还有一些公路企业与下属单位签订多项公路建设合同，整体组织管理相当混乱，无法形成统一合力，使管理达不到良好效果，只有合并撤销不合乎市场规律的单位部门、改变现有组织现状，问题得到彻底解决。公路企业可以根据项目要求，成立独立部门甚至分公司，对相关大项目进行独立管理与支配，使招标、投标、签订合同、公路建设等流程更加规范，进一步明晰责任的同时，也强化了权利监督与制约，使企业管理组织更加合理，提高公路工程管理效能。

（三）公路工程管理需要技术创新

技术创新不能是空谈，需要通过实际行动满足技术创新需要，①技术创新依靠的是人才建设，使企业技术人才能够发挥作用，不断强化复合型、技术型人才的培育，企业为技术人才提供良好的发展环境，确保技术人员能够在有效的时间内完成技术引领与创新，提升企业整体技术能力与实力，在同业中具备先进性、独特性。人才是企业的根本，更是技术创新的关键，要从组织结构上，保证技术人才比例，使企业充满活力与创造力。②技术创新需要优化流程。公路建设流程非常重要，通过有效的流程能够确保进度与工期，流程控制是管理的一部分，通过过程管理，全面推动施工整体进度，创新技术则能够优化流程，在技术驱动下，满足质量与安全需要，实现企业效益最大化；③技术创新需要完善机制。技术创新不是单独存在的，需要在一定机制带动下，才能满足技术创新需要，也就是说，在进行技术创新的同时还需要做好配套建设，使企业内部体制机制符合技术创造环境，为技术创新提供强大的支持和保障；④技术创新需要完善管理。当前，随着科学技术发展，公路管理也已经实现了网络化、数字化，只有全面与现代网络技术融合，才能在公路管理工作中体现速度与效率，公路工程量大、复杂，每一项建设内容均会产生数目巨大的图纸、合同、记录等，要想对这些资料进行有效管理，则需要通过计算机网络技术才能完成，要不断优化现代化信息管理能力，通过技术构建，形成专业的管理系统，有效管理技术文档，实现便捷的查阅、咨询、共享目标，通过现代化管理提升技术能力水平。

（四）公路工程进度管理方面的创新

公路工程建设中的项目规划是公路工程建设的重要组成部分，也是公路工程建设过程中的合理依据，每一项公路工程的建设都需要有一个科学、合理的项目规划，在公路工程的建设过程中，必须重视项目规划的制定。在制定公路工程建设的项目规划时，要从公路工程建设的整体出发，对公路工程建设系统中的每一项要素进行分析，预测出公路工程建设中可能会出现的问题，并进行合理的安排与优化，确保项目进度能够按计划顺利进行。在公路工程的建设过程中可能会出现很多的意外情况，所以在进行管理的过程中，要不断地调整公路工程管理方式，防止公路工程建设项目中断，保证公路工程建设的顺利进行。

（五）公路工程现场管理的创新

在整个公路工程建设的过程中，最重要的就是施工现场的管理，只有对施工现场进行良好的管理，才能够保证按照施工计划顺利进行公路施工。在对公路工程进行现场施工管理时，要按照相关规定展开各个项目的建设与实施，保证完成施工目标。要及时对施工过程中的各项工作进行评价与管理，认真总结相关的工作经验，杜绝问题的二次出现。

总之，公路工程管理的创新是公路工程建设顺利进行的重要保障，对于提高公路工程的建设质量与效率具有重要意义，在公路工程建设过程中，施工单位必须要重视管理模式的创新，提高公路工程建设的综合水平。

第四节　公路工程管理中现场管理

确保公路工程质量意义重大，在施工现场管理过程中，提高管理力度、落实各项管理制度和措施极为关键。虽然当前我国公路工程项目施工现场管理中仍存诸多问题，但是随着我国公路工程的发展及其对国民经济发展的重要性日益提高，很多企业逐步认识到加强施工现场管理的重要性，纷纷投入大量的人力和物力提高现场施工管理效率，以此为基础更好地确保公路工程项目的整体质量，为推动我国国民经济发展做出贡献。

随着我国经济的不断发展，道路建设工程越来越完善，目前我国每年公路数量还在不断增加，大到全国各个城市，小到山区乡村。而公路施工过程也是一项比较复杂的工程，对公路工程施工现场进行合理管理，有利于资源的合理分配、提高管理水准，保证施工现场各项工作顺利开展，从而不断提高公路建设水平。目前阶段我国公路施工管理仍然存在一定的问题，这就需要更多的相关工作人员利用高新技术去探索实现。

一、公路工程项目施工管理现状以及呈现出来的特点分析

①专业性不断增强。随着公路工程项目建设事业的快速发展，其建设规模正在不断扩大，而且工程建设投入的资金也越来越多，对工程施工现场管理工作提出的要求更高。为了确保公路工程施工质量及其建设效益的实现，现场管理工作正在朝着专业化方向发展，即对管理人员的素质和业务技能水平要求不断提高，而且不断进行着专业化和标准化建设，力争在公路工程施工过程中一旦出现问题能够及时进行妥善地调整和解决，换言之就是公路施工现场管理工作的专业化水平不断提升。②表现出一定的动态性特点。公路施工过程是一个动态变化过程，现场环境条件也会随着进度变化而有所改变，为此加强全过程施工监管势在必行，而且也是一个动态化监管的过程。在此过程中，应当采取有效的手段和方法来确保各环节处于可控状态，这样才能有效提高公路工程项目施工建设质量和效率。③系统性特点。对于公路工程项目而言，其本身系统非常的强，从目前国内交通运输行业发展情况来看，公路工程建设过程中的现场管理工作越来越复杂、越来越系统，工程施工建设需经过投资决策、项目设计以及工程招标与施工，才能最后竣工验收和投用。上述各环

节之间相互联系，存在着密切的关联性，同时这也是对公路工程施工现场管理工作提出了更高的要求，即系统性管理。

二、公路施工现场管理中常见的问题

（一）材料质量难以控制

公路施工中，需要消耗大量的材料，而且其建造的范围较大，因此对材料的质量难以监管控制。对工程质量的监控一般都是对成品进行抽样检测，得到的数据不准确，对工程难以进行实时监控，其对材料的管理也是极其困难的。公路工程的施工需要大量的材料，在其采购、存储、调用方面也难以得到有效地管理，往往会造成大量的额外费用，增加工程的成本。

（二）施工安全问题

公路工程建设普遍在露天环境中进行，因此，环境会对施工造成一定的影响，例如，山体滑坡、泥石流等自然灾害就会对施工的顺利开展造成阻碍，若防护不当会造成严重的人身伤害。同时，现代公路工程施工基本上实现机械化，施工人员在操作机械设备的过程中，若出现违规操作情况，也会引发安全事故。由此可见，公路工程施工现场的安全管理至关重要。但是在实际工程施工中，施工人员的安全意识淡薄，现场安全管理不到位情况十分常见。一些企业为了控制成本，减少安全设备采购方面的资金投入，也为公路工程施工埋下一定的安全隐患。

（三）施工质量管理问题

公路工程是市政工程的一部分，除了引发安全问题外，也极易产生施工质量的问题。公路工程施工现场的人员和设备不固定，对施工质量产生波动。同时，施工前的设计失误，施工现场操作不当，机械设备的非正常工作、施工材料的质量不过关等，都会影响工程质量。

三、完善公路工程施工现场管理的对策

（一）提高思想认识，加强现场管理力度

随着我国公路工程的发展，越来越多的施工企业也认识到施工现场管理的重要性。对于公路项目施工企业而言，首先要提高安全管理意识，不能只关注公路工程项目成本，同样也要认识到施工成本的形成与施工现场管理具有密切联系。作为施工企业而言，首先应当在企业内部制定施工现场的管理制度，安排专人负责施工现场的协调和管理，让工程项目的实施完全处于管理和监控之下。如在施工现场设置现场管理部门，配备安全管理、质量管理、技术管理、内业管理等人员，以更为健全的管理职能架构确保公路工程项目的顺利实施，为确保公路工程项目的整体质量提供保障，只有这样，才能使项目实施中产生的

成本更加明确、可控。

（二）合理配备现场管理人员，提高现场管理效率

公路工程在施工现场管理的过程中，由于其受到自然地质条件的影响很大，因此施工企业应当在提高思想认识的基础上，合理配备施工现场管理人员，配备经验丰富的技术负责人，同时也要在施工现场配备项目经理，负责现场的施工调度和管理。另外，施工企业也要在施工现场配备材料管理人员，负责进场材料的收存和安置，对进场材料进行质量验收和把控。

（三）紧抓细节管理

公路工程与其他工程项目而言同样具备质量连续性的特点，不仅工序之间的影响极大，而且在实施每道工序的过程中，决定质量的细节也非常多。①公路工程受到自然地质条件影响很大，施工企业应当在工程项目实施之前指派专职人员进行施工现场的实地考察和勘验，准确把握施工现场的实际情况，并做好相关的应急预案，制定合理的施工方案，同时结合施工设计图纸来安排施工顺序、材料进场计划、施工队伍的进出场时间等。②材料的重要性不言而喻，对于材料的细节管理关乎着成本、质量、进度等关键问题，因此，要在材料方面做好细节管理，例如，对于进出场的材料要做好台账，完善材料申领登记制度，避免材料的浪费。③做好细节化的动态管理工作，这一点对于进度和成本管理极为重要，成本的形成是一个动态的过程，而进度的控制同样也是如此，动态化的细节管理能够更加明确地分析工程实体的形成过程，能够让管理人员及时发现现场管理中的问题所在，以此来落实"反馈 - 落实 - 改进"的细节管理模式。

总而言之，公路工程项目施工现场管理工作内容非常的多，而且涉及面也非常的广泛，实践中应当加强思想重视，针对工况条件和施工技术质量要求等，建立完善的施工现场管理机制，通过机制的落实来实现工程项目施工现场管理之目的。

第五节　公路工程管理中的成本控制

成本控制通常是指企业在开展活动之前，预先制定出有关成本的一系列规则。其具体内容是在参考往年工程成本数据的基础上，结合实际情况为各项费用划出消耗上限，避免资源及资金的不必要浪费。一旦实际的费用与预算相差过大，会计人员要对其进行具体分析并及时调整支出，以维持企业的正常运营，确保生产能顺利进行。但是公路工程的成本控制与其有所差异，常常是指工程开展前，企业相关部门要预先估算人力、物力及其他相关费用的开支。施工期间，监督部门对其开支进行指导、审核，避免实际与预算差异过大。一旦出现偏差值过大，会计人员要与施工队进行积极沟通并及时提出解

决措施。最终的目标是在工程顺利结束的前提下，竭力将生产成本控制在计划之内，进而谋取企业利润最大化。

一、公路工程施工管理中成本控制的内容

（一）直接成本

直接成本主要由实体支出构成，其内容包括人力、机械、材料等直接支出费用，控制工作主要由前期预案所决定。要想充分落实直接成本控制工作，就要根据施工工程量及成本测算，制定科学合理的资金管理方案并合理分配资金，确保各部门管理机制的有效运行。

（二）间接成本

间接成本，通常是指企业的管理支出。在开展工程活动时，项目部的各项日常开支以及相关部门的监督管理皆包括在内。因此，企业想减少间接成本的支出，首要工作就是要完善自身的内外管理规章制度，提高管理人员的业务水平和管控意识；其次对于成本控制对象需加强各方面的监管；最后企业要加强内外的协同工作，确保工程管理的正常进行。

二、公路工程施工管理中成本控制的具体方法

（一）以施工图预算对成本支出予以控制

对于项目部而言，坚持"量入为出"的原则有利于控制工程成本，即其人力、器械、材料的费用支出将严格遵循施工预算方案来进行。要想做好此项管理工作，首先企业员工要认识到成本管理的重要性，积极主动开展工作。其次降低施工材料费用。一方面项目材料员要积极关注材料市场的价格变化，收集准确、细致的价格表，以便价格波动过大时向业主申请材料费用调差来减少自身的经济损失。另一方面寻找长期稳定、值得信赖的供货商，通过与其合作来保证货源稳定，同时大量采购还能享受到部分优惠折扣。

1.EPC 总承包模式下成本管理的控制方法

（1）设计阶段。在设计阶段，运用限额设计的办法，根据完成审批的投资估算以及相关的设计任务书，对初步设计进行控制，而且还需要结合已经通过审批的初步设计总概算，对工程图纸进行相关设计。总的来说，限额设计就是要保证工程在竣工之后的结算金额在总投资的限额范围之内。目前在国内，为了分担风险，EPC 项目大多采用联合体投标的方式，故施工企业在设计阶段就可以和设计人员积极沟通，根据合同总价承包或是单价承包等模式，选择对施工方有利的设计，此为"开源"。

（2）采购阶段。制定合理采购预算以及限价标准。在 EPC 项目采购工作中，预算人员既要结合通过审核的项目概预算，也要参考当时市场稳定价格以及指导性的价位，对所要采购的物资进行分类核算，得出最终采购预算，人、机、材中的"材"在工程总投资中

占比可达到 60% 以上，如果施工单位在此阶段深度介入，可能会为企业带来意想不到的资金优势，此也为"开源"。

（3）施工阶段。要进一步强化整个施工过程中的审计审查工作，以控制施工成本，例如强化审计管理中事前审计、事中审计、事后审计三个环节的工作。

2.PPP 模式下成本管理的策略

（1）多途径成本控制。①材料计划管理。项目建设过程中，合同清单内的细项，尤其工程量清单是作为项目部编制材料需求计划的依据。因此，工程部应定期制作材料用量计划，如一周或者一个月制定一次，提前报给材料管控人员，购买储备以备用。需要注意的是：在制定材料用量计划时应结合项目剩余材料量和所需材料市场价格等数据，确保材料计划制定科学合理。②材料使用管理。施工过程中必须严格按计划领料，防止浪费，如发生超额用料，施工员必须有甲方和监理签发的施工变更单及变更部门的施工预算方可领用。

（2）细化事前的计划与预算。如果一个 PPP 项目过于复杂，那么项目涉及的方面就会增多，如市场、人员和时间等，并且随着施工的进行，部分因素会产生变化，例如人员安排变化，针对这种情况需做好事前计划，以估算出施工的变量且降低成本消耗。通常进行事前预算时，需要估算总体成本下各个可控范围内的分成本，在各项分成本预算之后反复核对，并对稍有争议的责任、权利、利益等内容签下合同，使其按照合同办事，有条理无争议，使项目顺利完成。

（二）以强化质量、安全管理成本进行控制

质量成本通常由两部分组成，①施工单位操作不规范导致的经济损失，②企业为保证工程质量而支出的相关费用。对于施工单位来说，质量控制与企业项目管理和经济效益息息相关。可以说，一旦公路工程的质量出现问题，企业不仅会面临相关部门的问责和大众的声讨，还可能会出现巨额的资金亏损。因此，企业在施工过程中要狠抓管理流程，保障工程质量。这就要求施工企业各部门要履行好自身的职责，避免工作出现纰漏。监理部门主要负责对工程的质量及进度进行监测，以保证工程的质量。而计划合同部门的主要职责是对工程施工成本进行控制，旨在谋求施工质量与利益并存之间的平衡点，其侧重点的不同也导致控制措施的差异，安质环保部门要监督以上部门做好管控工作。

（三）以施工预算对人力资源及物质资源消耗进行控制

在预算出来后，采购部门需依据预算进行物资采购，并与施工队签订劳务合同，同时预留部分资金以备不时之需。施工过程中，一旦日常支出与预算差异过大，管理部门应及时分析实际情况做出资金调整方案，后由部门经理签字盖章后告知施工队，以保障工程的顺利进行。对于人力资源管理支出方面，监管人员首先要了解工程的各个环节以及工作人员的能力特长，安排适当的任务，使其各司其职、人尽其用。相对应的物资消耗把控措施

主要有以下两个方面：①物资进出环节需要进行相应监督，每一份任务单与领料单都要上级领导的签字才能通过，并且积极与施工队进行沟通联系；②工程期间，相关负责人需认真填写记录表。根据工作量的完成情况，将每个阶段的班数、采购、消耗的材料等进行汇总，上报至相关部门。一旦出现额外支出，会计部门需跟进，与供应商进行协调后调整相应物资需求，尽量减少额外支出。并且保管好发票、合同等纸质文件，以便后期报销，避免账目混乱现象，造成人力物力资源的浪费。

（四）以强化施工现场管理对浪费问题进行控制

为了保障工程如期完成，必须要对施工现场的各个环节进行管理。①要保证施工现场的安全，以此避免不必要的事故出现，造成资金的浪费；②在现场交通方面，要对施工场地进行合理布置，以保证物资运输的正常进行，避免出现交通堵塞，影响施工进度，也避免二次运输的情况出现，既延误工期又造成人力物力资源的浪费；③严控施工时的工序管理，必须要按照技术交底施工，以保证工程质量，确保不因交叉施工造成窝工而提高施工成本，延长工期。

（五）落实动态成本管理

对公路工程施工管理进行动态控制，是其成本目标实现的重要途径。其动态控制活动主要从以下两方面来进行：①施工项目计划成本责任制的落实，②施工项目成本计划（或成本目标）情况的检查与协调。其中落实施工项目计划成本责任体制指的是建立高效能干的项目管理部门，并与各部门的职工、施工队伍和施工班组签订相应责任管理制度条款，使其各司其职，为实现企业的经济效益和利润最大化而共同努力。

施工项目成本计划情况的检查与协调的加强是为了目标成本计划的实现而采取的有效措施之一。在此过程中，项目管理部门要根据计划成本和实际成本绘制月度成本折线图，但是由于一定的局限性，通常会出现三种成本偏差：①实际偏差＝实际偏差－承包成本，②计划偏差＝承包成本－计划成本，③目标偏差＝实际成本－计划成本。企业应尽量减少目标偏差，从而实现成本控制的有效性。经过一系列的调节、控制与指导，并对最终成本进行预测和对项目经理部门前期的成本控制进行评估，最终纠正核查，制定合理的对策，为实现各项经济指标做好基础，最终实现公路工程施工管理中的成本控制。

项目的成本控制效果最终体现在每月一次的经济活动分析表和财务的收支表中，财务分析报告是一定时间内企业经营活动在财务上的综合反应，可从中了解企业的生产、经营、资金运用等情况，及时提供衡量和评价的依据。经济活动分析报告主要职能包括：评价过去的经营业绩、衡量目前的财务状况、预测未来的发展趋势和帮助企业做出经营决策。经济活动分析报告是金融企业根据会计报表、计划指标、会计核算、统计资料等数据材料，对经济、金融某一业务领域、某一经营单位的经济活动状况有重点、有针对性地逐一加以分析和考察，对金融企业的财务状况、理财过程和经营成果做出正确的评价，为报表使用者决策提供依据的一种书面报告。

公路工程施工能否落实管理制度受多重因素影响。从制定到最终的落实阶段，企业要结合具体情况，开展动态管理，只有这样才能适应项目要求，促进企业健康发展。

对于企业而言，管理分三步走：①根据企业自身的情况制定计划环节，项目经理部门结合工程要求，在收集外部市场价格信息和企业自身情况的基础上，制定出合理的成本测算，以此规划整个工程的计划成本，并制定应急解决方案。②责任机制的成立。监督部门要负责监管工程实施情况，确保公路建设的顺利开展。③管理内容的贯彻落实。按照方案要求开展的管理控制活动，需相关人员对项目进行时时跟进，实现成本扁平化、精细化管理，最终达到公路工程施工管理中的成本控制标准。

成本管理不仅是"节流"更是"开源"，做好这项工作，既可以保证企业资金链的正常运行，也能提高资金的使用率，不断推动企业健康发展。在国家的高速发展中，公路运输占据着极其重要的份额，高速公路的建设遍地开花，随着城市化进程的加快，高铁以其更快捷的速度和逐渐壮大的交通网络也慢慢占据了一席之地，可以预见将来高铁将成为运输主力，如何运营好高铁这块蛋糕，将是接下来每个国企应该仔细思考的问题。

第六节　公路工程管理中的试验检测

公路项目检验作业的成效在公路项目整体质量方面发挥着很大的作用，所以，相关质量检验是不可或缺的部分。本节针对检验流程中出现次数较多的问题完成了研究，同时探索相关的解决方法，以期在相关建设过程中给出相应的解决技术。

一、项目监管作业中检验技术的利用

（一）让原始物资的利用率达到最好状态

检验技术的利用可确保原始物资被更好地利用，尽可能大地提升利用率，在物质的质量方面得到充分的保障。这种技术可科学地平定原始物质的质量，研究该物资能不能达到项目建设的要求，在项目建设中被更好地利用。在项目建设里利用的全部资都要完成检验作业，使物资更彻底地被利用。

（二）确保建筑安全

在民众的生活质量稳步提高的情况下，项目施工的安全方面有了更好地保证，被给予了足够地重视，检验技术直接作用于建筑的宏观建设成效，若是检验作业不到位，那么项目的质量就达不到标准，在安全方面也得不到保证，会有更多的安全问题出现。

（三）在项目质量方面严格控制

进行项目建设管理时，检验技术的利用非常有效，可确保使用的物资能达到标准，进一步保证项目的质量，在检验技术里，效果最好的技术就在于研究物资有没有满足建设的要求，检查项目建设的所有操作过程是否达到建设标准，同时更好地完成建设作业。尚未开始建设时，必须针对公路所承载的压力完成研究，检验时重在水分的含量上以及密度，保证车辆在公路上潜行时无危险状况，对车辆的安全作以保障。

二、试验检测在整个建设中的利用状况

（一）尚未具备科学的检验概念

公路项目检验工作者在目前状况下拥有的检验技术还未具有相应的科学性，公路项目检验工作者在进行作业时，因为受制于自身思维以及想法，项目样品的选择并不符合项目的要求，不能满足公路项目结构样本在典型性以及常规性方面的要求，如此一来，所选择的样本没有真实有效的意义，在整个公路项目的质量方面无法起到保证作用，另外存在一些相关操作者没有彻底了解项目要求，在进行检验时无合理的检验计划，没有足够高的参考效果，在公路项目质量的检验方面会发挥负面作用。

（二）检验作业的工具本身性能水平对项目质质检方面产生影响

检验作业中利用的工具的性能是否达到标准在整个公路项目质检过程中起决定作用，整个质检单位里存在个别单位进行质检工具的购置时，在价格方面大做文章，忽略工具的性能，造成所采购的设备不符合项目规定的要求，特别是在稳定性以及精确程度上达不到规定要求。同时仍存在部分项目实验室，尤其是非常规项目工地实验室，往往会因为整个项目造价而减少在设备方面的要求，例如在校正标定以及养护方面，各种养护工作对设备来说非常重要，如果达不到要求，就会在实际的检验过程中造成恶劣的影响，使结果的精确程度达不到标准。不仅如此，在完成检验作业过程中，尚且缺乏成熟的规定对项目质检方面完成管制作业，导致常规的养护和监管工具的作业不能达到相关标准，没有足够的管理工作者，在检验室常规的档案记载也不够完善，无法科学合理地使用检测工具，最终导致公路桥梁的检验工作在质量方面得不到保障，达不到标准。

（三）外部条件同样会对项目质质检方面产生影响

公路项目检验作业的质量往往被外部条件左右，并且得不到工作者的重视，类似于空气中水分的含量、温度、阳光和噪音等一系列要素在公路项目质检的过程中造成相对应的影响，会导致工作者存在视觉问题，同时选择的样本自身也在上述要素的作用下发生相应的不同的变化。重点是温度噪音等要素，其还未被相关工作者给予足够的重视，在样品的保存方面也达不到标准，在公路项目检验的作业上造成不同程度的恶劣影响。

三、在公路项目监管中检验技术的强化

（一）在监管方面以及检验数据方面进行强化

检验工作者必须检验项目建设中所使用的物资，保证物资的质量以及搭配比重达到建设的规定和标准，在项目操作现场的实验室里，检验工作者必须在进行建设前完成好原始物质的质检作业，保证所用物质的质量达到相关标准，质检的技术主要是抽样调查，完成该项作业后把检验数据交予监管实验室，再经实验室的工作者完成抽检作业，把检测数据上交中心实验室。

检验工作者必须完成好常规的原始物质检验以及项目质检作业，进行建设时贯彻有关规定，确保公路的建设质量。完成独立的项目建设作业后，必须完成施工场地物质的查收作业，重在建设物资以及成品和半成品的质检作业。检验工作者必须完成检验报告的整理以及备案作业。检验结果是检验作业中的重要数据，保证精确程度同时完成相对应的处理。按照不一样的工程完成相关划分，保证数据完善，为以后的查证打好基础。

（二）科学分布检验工具以及工作者

检验技术在公路项目里的利用，必须要按照真实的建设状况，规划中心实验室，保证工具和工作人员可达到建设的标准，按照建设的程序，检验工作者必须完成及时的检验数据的整合，可第一时间了解项目的质量以及建设状况。然后必须对检验工作者完成科学地分布，经验工作者必须完成专门的技能教育，不仅如此，要选择教育后成绩突出的工作者，提高检验工作者的整体素质。在真实作业中，有关高层人员必须完成对检验工作者的统一培育，使所有人员可第一时间了解到先进的知识，提高自己的检验能力。此外，还要强化在工具方面的分布和计量。实验室里，检验工作者必须学习该工具的相关数据，保证在进行检验操作时能正确地利用，更精确地完成检验工作。

（三）形成成熟的公路项目监管的实验检测规定

在公路项目监管检验工作中，必须形成成熟的公路检验系统，由此确保该系统的作业可良好地进行。检验工作者必须知道公路项目的施工规模，同时在检验级别方面加以完善，确保项目质量。检验工作者必须按照检验系统中的有关要求，确保检验数据的精确程度，根据相关的规定以及标准完成作业。

形成完善的质检系统后，必须构建详细的检验作业制度，给工作者的岗位监管以及数据整合夯实理论依据，作业的监管以及样品的检验和抽样检查作业中，金融工作者必须确保所做的工作切合实际，在检验工作中责任到人，确保检验技术能被利用，确保相关制度的贯彻实行。在施工的所有部分，检验工作者必须以质量为首要因素，同时将质量检验工作责任到人。

检验工作者必须做出细致的检验规定，在实际工作中严格依据规定进行作业。中心实验室必须针对各个建设路段的混凝土浇筑完成检验作业，确保质量和构造的精确程度，该流程必须完成样本的选择、样本的检验和检验结果信息的相关作业，必须在前一个流程达到标准后方可完成下一个作业，在整体项目质量方面完成详细精准的检验。

综上所述，通过对公路项目监管中检验技术的研究，得出：检验作业对项目建设意义重大，可确保项目的质量。在进行检验作业时，会产生数目庞大的数据，工作者必须完成科学的整合，在此基础上选择科学的技术，引导项目更好地建设，以防在安全方面出现问题，检验技术的利用可提升项目的进度，缩减项目的成本，提高项目的治疗，在公司的效益方面得到提升。

第七节　高速公路工程管理风险评价

随着我国社会经济的高速发展，交通在我国社会发展和经济快速发展的过程中发挥着越来越重要的作用。然而，在高速公路工程施工过程中容易出现各种各样的风险，引起这些风险的因素会对施工项目的一个或者多个环节造成难以补救的困难和障碍。由此看来，对交通公路工程中的风险管理十分重要。本节针对高速公路工程施工风险的概念以及相关工程施工前和施工中可能存在的风险进行阐述，对如何应对施工风险中的问题进行分析，从而阐述相关的解决方案和措施，希望能为相关企事业单位和工作人员提供一些理论上的参考依据。

在高速公路工程的过程中，关于施工的风险管理是相关的项目管理人员对于整体项目负责方式的主要内容之一。要根据实际的情况，对于可能存在的风险进行评估，确定整个交通公路项目中会出现哪些风险，针对这些风险，应该采取哪些措施，从而提高项目整体施工的安全性和有效性，将整体项目所遇的风险率降到最低，甚至可以让项目过程中可能遇到的风险转变为机遇，从而使得工程建设的进度增快，减少风险带来的经济效益损失，降低整体项目的造价成本。

一、高速公路工程施工风险的概念

在高速公路工程施工中所遇到的风险主要包括两种具有代表性的风险因素，一种是因为自然灾害或者意外事故而出现了损失，另一种是因为实现工程项目中遇到的所有不稳定的因素。施工风险指的是施工过程中面临的风险，根据以上两种风险因素，可以判断出施工风险具有客观性、突发性以及不确定性等特点。关于自然灾害以及意外事故等风险因素造成的施工风险，是客观存在的，而且不能随着人类的意愿而产生变化和转移，并且没有前兆性和不明显性。不确定性主要是在时间、地点等方面会因为整体项目工程建设的周期长或者检测的范围广等，出现各种不确定的因素综合造成的。

对于施工风险，首先要对其进行风险的识别。在进行识别风险的管理步骤之后，对其中的风险要进行合适地分析和评估。评估的步骤应设置在施工之前。要对该风险在施工过程中可能出现的各种各样的后果做出科学合理地判断。其次，在发生和评估风险之后，需要对于该风险做出相对应的解决措施，对其做出重要的分析和判断。为了更好地使高速公路工程稳定持续发展和进行，要对不同的风险类型采用不同的风险措施给予解决，解决方法主要包括回避、控制、自留和转移四种。要根据风险评估所获得的反馈采取科学和恰当的风险对策，对相对应的风险科学合理地进行处理。

二、高速公路工程施工风险管理中的问题

高速公路工程在施工基础上存在难度大的特点。高速公路工程首先在施工之前要综合考虑地形、地貌等地理环境的因素，包括施工中的气候条件以及沿途周围等地区的施工环境。这些主要包括：山体的走向、容易存在的自然灾害以及当地的生态保护和历史文物保护等原因，主要分为自然的因素以及生态文化的因素。针对这些风险，一方面要投入大量的资金给予支持，另一方面还要配以较高的技术水平支持，否则会影响施工的顺利进行。在高速公路工程的施工过程中，部分施工项目单位和承包商虽然已经认识到对于风险进行管理的重要性，但是对于风险管理仍然存在意识不足、管理水平低以及相关的风险评估体系不完善等各种各样的问题。主要包括以下方面：

（一）管理人员缺乏风险管理意识

我国部分承包商以及工程管理人员对风险管理的意识淡薄，不能在根本上给予相关工作人员风险管理意识的输入。对于施工之前的风险识别以及评估在意识上不重视，在公司内部没有形成完整的风险管理和评估体系，也没有设置专门的风险管理人员为整体项目的风险管理进行评估和分析。部分承包商对于工程风险存在侥幸心理，认为风险管理问题发生的可能性十分小且可以忽略。为了追逐更大的经济效益而忽视风险管理，这样为正常施工的进行埋下隐患。

（二）风险管理技术不完善

一些企业和承包商虽然具备完善的风险管理意识，但是因为缺乏风险管理的技术，使得在实际中对于施工的风险管理仍然存在着各种各样的问题。关于风险管理的理论，我国比西方发达国家仍然存在很多的缺陷之处，没有根据自己自身情况而制定出相应的风险管理方案和计划书。我国部分施工企业对于风险管理的能力存在严重的不足，使得在施工之前难以实现风险的识别。

举例而言，一般的企业工作人员在对风险进行评估和管理的过程中，采用的原则是以保险为主。很少有管理人员对风险进行评估之后，搜集更多的资料去编写如何完善解决该

风险的措施，而且在搜集资料的过程中，我国缺少关于该方面的资料，需要花费大量的时间和精力去寻找和搜索，得到的结果也会出现误差，对于实际的风险解决并没有很大的意义。

三、解决高速公路工程风险管理问题的措施

（一）管理风险识别流程的确定

确定高速公路工程风险管理的整体流程是十分有必要的，风险评测人员应当参考实际项目，在系统流水线上进行优化改进，从而发挥风险控制作用。

（1）应当了解确定风险项目的管控对象，把工程牵涉到的复杂化问题进行简单化处理，核查检验获得风险的关键危害因素。

（2）全面处理信息数据，完善风险指标。其牵涉到的因素可能较多，可以采取维度降低方法，对需要的信息进行提炼，并且应当注重确保数据的完整性和正确性。

（3）基于现阶段已有资料和风险评估人员的专业素质，采取适合的评价手段，对高速公路工程项目的风险进行识别和归类。

（4）采取合适的措施规避风险或是降低风险给项目管理造成的损失，这也是进行风险评估的主要目的。

（5）整理编写风险评估报告留作参考，可以为今后相似的建筑项目风险评估提供经验。

（二）施工进度的管理

关于高速公路工程整体施工风险中遇到的问题，要采取的解决措施主要是合理管理施工进度。施工进度要确定工期，要对自然因素进行最大化地消除也要规避社会因素的影响，做好施工进度的监管。在进度管理的过程中，要对高速公路工程的施工工期进行合理规划，不能为了最大化地节省开支而盲目加快施工的进度，否则容易出现质量上的问题。

（三）意外问题的防控

如何最大程度避免各种意外情况的发生，对于正常施工而言意义重大，对于我国社会问题的规避也十分重要，比如涉及房屋拆迁的工作，一定要处理妥当，否则容易引发严重的社会问题。此外，要做好对于施工进度的监理工作，严格地对工期进行要求，要计划和安排好时间，制定出详细的计划表。要在发现工期落后的时候，做好修改计划的工作，要做到对人力、物力、财力等进行协调，保证项目按照详细的计划表正常顺利进行。

（四）施工成本的管理

施工过程中，为了有效实现技术经济和成本经济等目标，要对施工成本进行管理。要科学地对施工进度进行安排，对施工方案的技术经济比选做出详细的安排，确定最终的合理方案，要对正确的施工工期以及施工质量等做出重要的安排和设计，对市场的材料进行

相应的询价，对相应的支出做出合理的安排以及记录。

（五）优化人员配置

对于风险管理，我国在大部分地方还没有实现设置专门的风险管理部门和风险管理人才召集的习惯。风险管理人才缺少，并且缺少具有经验性的风险管理人才，大部分都是新手。这样的结果容易造成相关承包商对于风险控制的能力不足，在风险到来之时，没有办法及时做出控制风险的措施，容易给承包商和企事业单位造成严重的经济损失。一些企业虽然设置管理部门，但对于风险管理却没有相应的技术和研究。

（六）施工安全的管理

在施工的过程中，容易造成各种各样的安全问题，施工安全的管理十分重要。要保证施工人员的人身安全，要对质量安全的检查体系做出重要的完善措施，要使得人员规范的按照图纸和规章制度进行施工，要对不符合质量的原材料进行相对应的处理。对各种成品和半成品的产品合格证等要进行详细的检查，做好工地的试验以及检测等工作，在专门受过训练和技术知识的人才的指导下进行操作。

（七）管理风险的处理措施

前期准备工作应当持续完善，此外，高速公路项目的风险管理还是需要落实在风险处理上，其风险问题主要包括承包商、政府部门和保险商密切管理。处理风险问题首先要对风险责任加以明确，挑选合适的风险处理措施。对于那些规律性较强、容易管控的风险项目，承包商通常会选用风险自留的处理方式，此类风险问题往往伴随着高收益；对于那些责任较大的风险项目，通常会使用风险转移措施，强化同保险商的沟通联系，将责任划分明确。风险降低对于任何项目而言，都需要各个部门一同参加的工作，风险降低包括完善工作计划、引用先进设备、降低建设期间的潜在问题和强化员工专业素养等。

高速公路工程项目对于我国的社会经济发展具有重要的作用，本节针对施工风险的管理做出了相应的阐述。关于交通公路工程的现状，它具有周期长、投资大、施工难度大等特点，而且容易产生施工质量和施工成本增加等问题。在施工的过程中，对于项目风险的研究和管理具有十分重要的作用。为了实现这一目标，相关工作人员应该在实际的工作过程中总结归纳，为该领域的稳定持续发展做出重要的贡献。

第八节　基于 GIS 系统的公路工程管理平台

如今，我国公路路网日趋完善，工程建设重点正向经济欠发达的地区转移。在这种发展局势下，工程管理难度增大，以往的工程管理辅助系统表现出明显的滞后问题，无法适应发展基本需要。而 GIS 系统的出现及其在管理平台中的引入，有效解决了信息滞后性问题，为实际的工程管理工作提供了一种先进的方法和工具。

一、平台设计

（一）设计目标

管理平台设计应充分考虑工程实际情况，结合工程管理基本流程与特征，将工程管理核心内容，即质量控制、进度控制和成本控制作为管理平台核心与最终目的，并根据现有管理系统存在的问题与不足，采用 GIS 系统具有的独特功能，将计量支付和资料管理等集于一体，并根据实际需要完成图形编制。

（二）总体结构

在综合考虑工程建设各项基本情况的基础上，遵循经济合理与技术可行的基本原则，选择 C/S 数据的访问及分发形式，利用 ADO 技术完成数据传输。各级用户由客户端与服务器进行连接，以此获取动态数据信息，再通过相关应用程序实现数据信息的实时输出。平台安装 MapInfo 9.5 软件，该平台软件除了能完成空间信息处理，还能实现二次开发，各级用户均可根据自身要求，完成管理操作，实现预期的管理目标。

（三）主要功能

平台不仅能提供工程管理过程中必需的所有专业管理，还能提供 GIS 功能，主要体现在七个方面：

1. 视图子系统

借助以 GIS 为基础的可视化平台，生动且形象地对各种数据信息进行查询，包括计量数据、支付信息、计划信息、进度数据与变更数据等。其中，计量与支付数据信息的查询，可对工程实体及各标段的计量与支付数据信息进行快速查询；计划与进度数据信息的查询，可对工程实体及各标段的计划与进度数据信息进行快速查询；工程变更数据信息的查询，可对工程实体及各标段的工程变更数据信息进行快速查询；工程设计资料及相关数据信息的查询，可对工程实体及各标段的设计资料与相关数据信息进行快速查询。

2. 操作子系统

工程建设时，图形与属性数据都会伴随工程的不断进行而发生明显的变化，对此需要进行信息更新，如进度信息、质量信息与资金信息等。平台能根据进度情况补充或更新各类属性信息，客户端通过与数据库之间的连接，对数据库当中的相关图形数据进行调用，然后生成全新图元，平台再以进展情况为依据对图元进行编辑，包括删减、增加和改动等。根据坐标信息，利用符号或标注等形式，直接在电子地图当中生成全新图元，以此完成地图与数据库的同步更新。

3. 工具子系统

利用缩放工具、移动工具与鹰眼，对当前施工状态信息做快速且全面地了解。除此之外，这一子系统还能提供众多查询工具，如放大与缩小查询、确定范围查询、SQL 查询及缓冲区查询，能完成图形与属性之间的相互转换查询。

4. 进度管理

主要是接收与进度计划有关的数据，然后自动生成相关网络图，据此提供如期完工状况下，各项工作开工的最早和最迟时间，完工的最早和最迟时间及其时差大小。平台以管理者输入的数据为依据，通过检查对比确定滞后的分项工程，同时对不符合要求的计划实施动态调整，通过对工序及工艺方法的改动减少或增加资源，最后绘制出全新网络图，并用于后续施工管理。

5. 计量支付

由工程量的计算与支付两个模块组成，其中，工程量的计算模块用于工程量准确计算与变更申请；支付模块主要包括中间计量支付与完工计量支付两部分，自动生成各类表单数据。用于台账建立，可大幅降低计量支付管理难度。

6. 合同管理

主要对项目合同进行登记与签署，对拨款通知书进行审批，计算已经完成支付的所有合同，并提供合同信息的浏览与查询功能。

7. 施工管理

由技术管理、质量管理、安全管理、变更管理与资料管理五个模块组成。其中，技术管理模块的作用在于对各施工阶段的技术、管理、测量、检测等数据资料进行录入，并提供查询和使用功能，还可以完成数据备份与自动恢复；质量管理模块由四个部分组成：项目部质量保证体系、验收记录、质量保证措施及质量问题处理记录等；安全管理模块由四个部分组成：项目部安全保证体系、组织机构、保障措施、检查与事故处理记录等；变更管理模块由三个部分组成：图纸会审现场记录、技术交底现场记录、合同记录与会议纪要等；资料管理模块负责对项目实施过程中产生的所有资料进行整理、统计、分类、保存与共享。

二、平台数据管理、数据库设计与整体实现

（一）平台数据管理

平台数据管理主要依靠两部分实现，分别为图形数据库与属性数据库。对于这两种不同形式的数据库，除了要对属性数据进行存储与管理，还要对图形数据进行存储与管理。

（二）数据库设计

1. 图形数据库

利用平台软件的图表数据结构完成存储，图层通过叠加合并到数据集，平台软件的地

图就是最常见的结构表，它由记录与字段两部分组成，各不同的字段又由名称及数据类型等组成；另外，表中记录与图形中某个对象一一对应，即实现图表一致的目标，可完成同步处理。

2. 属性数据库

平台的属性数据由 SQL 进行存储，常用属性数据包括：项目业主、全体承包商、项目规模、路线布局等。

（三）平台实现

平台主界面采用可视化系统，网络操作系统采用 Windows Server，客户端操作系统采用 Windows。平台的基础数据主要为图形数据，其数据格式符合 MapInfo 平台软件，利用 SQL 关系数据库对属性数据进行管理和共享，空间数据则采用 MapX 系列进行管理。此外，平台系统的开发工具为 VB6.0。充分利用 GIS 系统具有的各项功能，能对工程建设及管理过程中涉及的各项信息进行可视化查询，包括计量支付、计划进度、形象进度、工程设计等，进而通过系统了解并掌握工程实际情况，为下一步的管理决策制定提供可靠的参考依据，最终从根本上提高工程管理技术水平。

通过对 GIS 系统及先进的计算机技术的合理应用，开发出一套集实用性、可靠性、先进性、统一性与可扩展性为一体的公路工程管理平台。该平台借助 GIS 系统，除了能提供管理中所有必需功能，还能对相关数据信息进行查询检索与独特的图形处理。目前这一管理平台已在我国很多地区得以应用实践，成为实际工程管理工作中必不可少的工具，有效促进了工程管理向标准化、科学化与自动化等方向的发展迈进，其应用效果与实践经验可为其他地区公路工程建设与管理对这套管理平台的引入提供参考借鉴，同时也能根据现实需要，有针对性地对平台进行改进、开发。

第九节　公路工程管理过程中存在的经济风险

基础设施建设的日趋完善，为我国公路工程建设事业的发展注入了新活力。随着越来越多先进施工技术在公路工程建设中的推广和应用，不但为人们的出行提供了便利，而且对于国民经济的发展也有着极大地推动作用。因为当前我国公路工程建设过程中，依然存在着诸多影响公路工程建设质量与安全性的问题，所以，加强此类问题研究的工作，对于我国公路工程建设事业的发展有着至关重要的作用。

一、风险的概念

风险管理就是在准确识别评估的基础上，采取的控制和管理风险因素的方法，从而达到及时的发现和处理风险发生后造成的不良后果的目的。由于风险是影响未来目标顺利实现的一种不确定性因素，所以公路工程施工企业在开展风险识别管理工作时，不仅要做好风险源的识别工作，严格地按照风险表现特征，判断风险发生后可能造成的后果，然后在确定风险发生概率的情况下，分析工程项目承受风险的水平和能力，以便于施工企业采取积极有效的措施，应对公路工程项目建设过程中可能发生的风险。另外，公路工程施工企业必须在风险事件发生前，采取切实可行的措施，减少风险发生的可能性，同时制定相应的风景南回归线补救措施，降低风险发生后可能造成的损失和影响。

二、公路工程管理的原则

（一）以人为本

公路工程的建设和发展，为人们的出行提供了诸多便利，所以相关部门在开展公路工程的管理工作时，必须严格地按照以人为本的原则。

（1）根据公路工程建设制度的标准，规范施工人员的施工行为，确保公路工程管理工作的高效开展。

（2）在保证公路工程建设符合相关流程要求的前提下，加强公路工程整体施工质量的管理与控制工作，确保工程整体施工质量。

（二）预防为主

公路工程建设不仅是一项复杂程度高的综合性工程，而且其涉及的内容也相对较多。因此，施工企业在公路工程建设过程中，必须严格地按照预防为主的原则开展公路工程的建设。首先，根据公路工程建设的特点和要求，建立完善的工程建设安全管理制度，同时将安全管理制度融入工程建设的全过程中，确保公路工程施工各个环节的顺利进行。其次，将公路工程安全管理制度落实到工程施工的各个环节中，避免因为其中某一个环节出现疏漏而影响到公路工程的整体施工质量。

（三）质量第一

公路工程施工质量的高低事关人们的生命财产安全。因此，施工企业在公路工程建设过程中，应该严格的遵循工程施工质量第一的原则开展公路工程的建设。此外，因为公路工程施工质量也是影响施工企业经济效益的关键因素。施工企业必须在公路工程建设过程中，做好工程施工质量的管理与控制工作，才能达到提高公路工程建设质量与安全性有效提升的目的。

三、公路工程管理过程中存在的经济风险

（一）招投标阶段的经济风险

目前，我国公路工程项目在招投标阶段存在的经济风险主要集中在以下几方面：

首先，施工图纸无法满足工程量清单提出的要求。为了确保公路工程建设能够顺利进行，建设单位从公路工程进入设计阶段后就参与到投标工作中，这一现象也是造成施工图纸无法满足工程量清单要求的关键原因之一。由于建设单位设计的图纸中涉及的内容相对较少，最终出现工程量清单与图纸之间差异过大的现象，如果建设企业在签订工程施工合同时，未能在合同中增加相应附加条款的话，那么必然会因为工程建设风险转嫁至施工企业，而影响到公路工程建设的顺利进行。

其次，工程量计量方式无法满足工程量清单的要求。建筑单位在参与公路工程项目的招标时，由于无法明确计量规格，而只能依靠企业自身的施工习惯和经验施工，所以出现了计量规格无法满足工程量清单的现象。

（二）施工阶段的经济风险

公路工程项目施工阶段出现的经济风险主要有以下几方面：

（1）施工方案的选择实施。由于公路工程施工环境等因素是影响施工企业选择和确定工程施工方案的重要因素之一。所以，施工企业必须在公路工程施工开始前，深入施工现场进行实地勘察，然后根据勘察数据制定科学合理的施工方案，才能有效降低施工风险的发生。

（2）施工工期。公路工程施工中出现的安全事故、施工工期延长等问题都会导致企业面临巨大的经济风险。

（3）劳务分包。施工人员自身综合素质、安全意识的高低是决定公路工程项目建设能否高效顺利完成的主要因素。但是由于很多施工企业的施工人员都存在着安全意识薄弱、综合素质偏低等各方面的问题，所以不仅增加了公路工程项目建设中安全隐患和施工质量问题发生的概率，同时也导致企业不得不面临巨大的经济风险。

（三）保修阶段的经济风险

对于保修阶段的经济风险在整个工程中意义重大，例如，施工单位拒修和发现了质量问题而不能及时反馈，由于施工单位拒修导致的中断或者业主投诉，对于开发商而言影响较大，因此需要加以防范，制定相应的措施，保证和施工方沟通的顺畅性，如果施工单位有可能拒修时，请第三方维修的准备工作；采取控制工程款和保留金的支付手段，牵制施工单位；一旦不能及时维修时，及时向业主合理解释，令业主能理解接受。

四、公路工程管理过程中经济风险的优化措施

（一）充分发挥工程合同的作用

建设单位必须在施工企业中标后，及时的与施工企业协商并签订公路工程的施工合同，并按照要求完成施工企业报价的审核工作，为后续公路工程建设做好准备。在签订公路工

程施工合同时，应该在合同中明确规定双方的权利和义务，以便于及时的发现和解决公路工程施工过程中出现的各种问题，避免对双方造成不必要的经济损失。建设单位在于施工企业签订公路工程施工合同时，应该按照相互平等、互相尊重的原则，共同协商公路工程施工合同的内容和相关条款，一旦合同内容和条款确定后，任何一方不得在未经对方同意的情况下，私自决定或者更改合同条款中的内容。另外，施工企业在公路工程项目建设过程中，必须充分重视自身权益维护的重要性，一旦出现建设单位侵害企业合法权益的事件，施工企业应该在第一时间按照施工合同规定的条款和内容向对方提出索赔。

（二）加强对公路工程施工质量的监控

（1）公路工程施工全过程管理力度的加强。由于公路工程各个施工环节之间都存在着密不可分的联系，如果任何一个环节出现问题的话，都会造成非常严重的后果和影响。所以，施工企业必须建立完善的公路工程监督挂篮制度，同时安排专职监督管理人员，监督管理公路工程施工的全过程，确保工程施工的规范性与科学性。

（2）加大施工材料控制的力度。首先，详细公路工程施工材料的来源、质量，避免因为施工材料质量问题影响公路工程的建设施工。其次，做好施工材料质量的控制工作，定期的抽查进入施工现场的原材料，禁止不符合质量要求的材料进入施工现场。

（三）加强施工安全管理

公路工程中，安全是施工的生命线，只有保证施工工人的安全才能保证工程的顺利进行，一般而言，对于安全管理不管是管理人员还是施工人员，都应当具备高度的施工意识，在具体的操作中，应当严格遵守施工规范要求，制定有效的检查制度并落到实处，保证公路工程的顺利进行，施工人员方面的经济风险得到最大限度的降低。

总而言之，公路工程建设行业作为我国国民经济发展的支柱性产业，其在社会经济的长期可持续发展中发挥着不可替代的作用。所以，相关部门可必须加大公路工程建设质量和经济管理工作的力度，深刻地认识到经济管理工作对于公路工程建设事业发展的重要性，采取积极有效的措施规避公路工程建设中可能发生的经济风险，才能促进公路工程建设企业经济与社会效益的稳步提高。

第十节　公路工程管理中质量与进度的合理管控

本节以公路工程质量管理的重要性为切入点，简要分析公路工程管理中质量与进度管控的不合理之处，在结合我国现状和道路工程作业经验基础上提出公路工程质量与进度管控建议。

社会经济的加速发展，尤其是在现代物流业规模不断扩大之后，经济发展对交通运输业的依赖程度大大提高。虽然铁路运输、航空运输承载了一部分交通运输压力，但公路运输仍是规模最大的、最常用的内陆交通方式。因此为稳定交通运输秩序、稳固国民经济发展态势、改善社会资源的再分配，需要确保公路交通基础设施的质量，这就要求我们做好公路工程质量与进度管控相关工作。

一、公路工程质量管理的重要性

公路运输是我国规模最大的交通运输类型，其承担了绝大部分内陆运输压力。但是公路运输的实现需要以一定的设施为基础，即道路工程。自改革开放至今，我国基础设施建设已进入加速发展时代，我国公路建设也得到了长足的发展，我国用改革开放后四十年时间完成了西方发达国家几百年的建设历程。在我国公路建设事业一片大好的形势下，我国公路工程质量安全事故的报道也频频发生，越来越多的人开始关注公路交通安全，而公路交通安全本质上就是公路工程质量问题。

公路工程质量漏洞和隐患是公路交通安全事故发生的根本原因，很多施工或管理单位未充分重视公路工程质量管理的重要性，在工程施工过程中质量管理意识薄弱，缺乏完整的质量管理体系，导致公路工程质量管理失控，最终成为公路运输安全事故发生的风险因素，因此确保公路工程质量管理工作的落实，就是保证公路交通安全。

此外，公路工程建设成本较高，一旦发现质量问题再进行返工或重工，将再次投入大量的人力资源和物力资源，这是对社会资源的浪费，会加重我国社会资源再分配的不均衡性，严重时还可影响我国经济运行态势、对国民经济又好又快发展产生不利影响。

综合来说，无论是出于人民财产安全、生命安全考虑还是从国民经济又好又快发展考虑，都需要加强公路工程质量管控工作力度，确保公路工程质量符合标准。

二、公路工程质量与进度管控中存在的问题

（一）工期与质量的矛盾

国民经济的发展对公路交通具有较强的依赖性，因此很多施工单位在面对效率和质量问题时过分重视效率而轻视质量，主要表现为未妥善处理工期和质量的矛盾。公路工程建设中，工期的延长意味着更高的人力成本和更大的社会影响，为了施工成本，施工单位往往采取节约时间、缩短工期的施工进度管理思路。如计划二十天修筑完成的公路工程，可能仅消耗十五天，甚至更短时间就修筑完成。在过分追求效率的过程中，难免会出现质量管理上的漏洞，导致公路工程质量问题的发生。

（二）工艺与成本的矛盾

不同地区、不同荷载量、不同用途的公路工程在施工工艺上有所差别，主要表现为施工技术、施工材料上的差异，但是不同的施工工艺的施工成本不同。很多施工单位为控制

施工成本，在公路工程建设中采用不合理工艺进行施工，如路基填充材料不合理、未完全遵循工艺规范进行施工等。

施工工艺直接对公路工程质量产生影响，不合理的施工工艺会导致工程质量问题。轻微的质量问题不会造成严重的安全事故，但降低了公路的使用年限和荷载能力，不利于交通运输秩序的稳定，而严重的质量问题可直接引起重大公路运输安全事故，如桥梁塔防、路面塌陷等，严重威胁国民人身安全和财产安全。

（三）管理能力不足

管理者的能力会对公路工程进度和质量管控工作产生影响，管理者能力不足会限制工程进度与质量管控的贯彻与落实。同时在实际的工程作业中，有很多管理人员缺乏相应的管理精神，玩忽职守或未完全尽到管理责任，甚至在某些地区还存在贪污受贿行为，将豆腐渣工程认定为合格工程并验收。这种只重视个人眼前利益的行为，也是导致公路工程质量管控不到位的重要原因。

三、公路工程管理中质量与进度的合理管控建议

（一）优化组织结构

在公路工程建设中，需要对各个施工单位、管理部门、监督部门的职责进行明确划分，优化工程质量与进度管控的组织结构，将质量管控工作量化、细化并分配到各个部门，同时配合内部监督、外部监督、社会监督等多样化的监督形式确保各部门各司其职。各部门履行自身职责、落实自身工作，进而从整体上推动公路工程进度与质量管控目标的落实和实现。

（二）妥善处理工期和质量矛盾

在公路工程的具体施工过程中，要妥善处理好工期和质量的矛盾，要做到工期和质量的兼顾。施工单位和管理部门要将工期管理和质量管理相结合，在保证质量的基础上妥善处理工期问题，以实际项目建设需求为基础，以工程建设标准为依据，通过优化工艺、完善管理的方式来促进工期的缩短，而不是以降低质量管控的方式来缩短工期。因此在实际的公路工程管理中，要做到工期管理与质量管控的动态平衡。

（三）做好工艺的选择

在公路工程建设过程中，要根据地面情况、工程实况、气候特点、地质特征等诸多因素进行工艺选择，确保工艺选择的合理性，同时采取科学的工艺管理模式，将施工规范与工艺选择相结合，必要时将公路整体工程进行分段处理，对不同路段进行实地考察后，结合工程师、施工经验、工程建设一般理论对施工工艺进行甄选后再进行施工，完善各个阶段施工工艺选择，进而通过工艺选择的优化来提高项目工程质量。

（四）完善验收环节

验收环节是公路工程进度与质量管控的最终阶段，也是最后的检查阶段。在验收过程中，管理者不能仅仅依靠汇报和数据就对工程质量做出判断，应当进行实地考察，将工程建设实际情况与规划方案进行一一比对、一一验收，必要时可采取半封闭试运行的方法对项目工程质量进行检验，确保公路工程正式投入使用时无任何质量问题。

第五章 新材料、新工艺以及新技术工程的基本理论

第一节 公路工程中新技术新材料的运用思路

现阶段我国公路工程的建设力度以及强度在不断地加大。为满足新的发展时期对公路工程的要求，就必须积极应用新材料以及新技术。在公路工程的施工过程中，以此保证公路工程的质量安全，促进其更好更快发展。所以在以后的工作中相关工作人员要不断创新，积极主动地引进并应用新材料以及新工艺。基于此，本节将着重分析探讨公路工程中新技术新材料的运用，以期能为以后的实际工作起到一定的借鉴作用。

一、公路工程中新技术应用

（一）沥青路面再生技术

公路工程施工过程中，沥青路面再生施工技术主要是通过对一些废弃旧沥青路面的有效应用，通过专业的机械设备，通过废弃旧沥青路面进行处理之后，将一定比例的集料和新沥青、再生剂融入其中，进而切实保证对公路工程高性能的满足。沥青路面再生技术施工操作非常方便，不会有其他运输、挖掘或者再加工等工艺的应用；并且沥青路面再生技术不会对公路工程造成影响，在施工过程中也没必要中断交通，不影响人们的出行，可以说沥青路面再生技术的有效应用有着重要的现实意义。

（二）共振碎石化技术

将共振碎石化技术应用于公路工程施工时，不仅能够在短时间内、低成本的状态下进行施工，也具备了较好的修复混凝效果，能够避免路面在投入使用时出现受力不匀而产生形变的情况。此外，与传统的道路施工技术相比，公路上出现反射裂纹现象难以消除的困难就不再是困难，共振碎石化技术能在降低对路面损伤的同时收获优良的施工效果。

（三）喷锚技术

喷锚技术属于路面施工中的一项保护技术，常用于给路堑边坡时的爆破工序。喷锚技术的根本作用在于保证路面施工的稳定性，在这项技术中，最重要的组成部分就是支护喷锚网，当施工工程在高坡上进行时，采用支护喷锚网对公路施工进行一定的保护，能够很好地预防由于地质岩石结构发生改变而导致的路面崎岖情况发生，从而保障高坡建设的稳定性。在实际的施工过程中，喷锚技术的实现需要一系列技术共同支撑才能得以实现。

二、公路工程新材料应用

（一）高性能混凝土新材料

在我国公路工程的施工建设过程中，要积极地选用一些新型的施工材料，而高性能混凝土的施工应用就是主要的一个施工材料。可以选择添加剂和处置方法的结合，在混凝土搅拌过程中，加入搅拌机中，一些细集料水泥、矿物掺合料等材料，加入适量的水，混合均匀，然后加入凝胶材料、添加剂和水，再次搅拌，搅拌的每一阶段至少超过 30s 的时间，搅拌过程中应控制在 3 分钟左右，可以有效地提高掺合料的利用效率，提高公路建设的效率。此外，还可采用水泥裹石高性能混凝土材料处理，胶结材料和水按一定比例混合的低水平的混合水泥，成糊状，然后加入一些石头的沙子里，搅拌第一次，添加一些胶凝材料和低水胶混合物二混合，可以很好地保护膜的形成，而且还可以降低孔隙率，提高公路施工质量。

（二）玻纤土工格栅新材料

沥青路面在公路工程、路基施工过程及养护工作中，应及时引入玻璃纤维土工格栅材料，能有效提高公路施工和运输施工设计的整体水平和质量。沥青路面玻璃纤维土工格栅材料，可以反射沥青路面的裂缝，可以扩展刚度，提高路面的抗裂能力。在新材料的施工过程中有效的抑制作用，采用玻璃纤维土工格栅可以提高路基的基础力量，具有加固效果好，土壤垂直压力缓解压力水平，提高剪切应力，提高整个路基的承载能力，提高公路抗震可靠性。

（三）有机硅预养护材料

有机硅的预养护材料是一种新型有机硅材料，也是一种很好的防水、防火材料。有机硅材料是一种高分子聚合物的合成材料，该材料本身具有较高的渗透性，有机硅的预养护材料与沥青、建筑石料之间存在着良好的物理黏附性，这一性质在公路工程的实际施工应用中也具有非常重要的现实意义与价值。此外，有机硅材料具有很强的能力，但是有机硅养护材料的使用是否成功，在较大程度上取决于水的渗透系数，而渗透参数又会受到诸多因素的影响，如接触面积、表面张力等。

三、公路工程中新技术新材料的运用措施

（1）要对国内外公路工程施工新材料以及新工艺的应用发展动态及时地掌握好，并积极主动的引用这些新材料新工艺技术，再结合自身工程实际对引进的新工艺做好调整，使其更好地满足公路工程的实际施工要求，促进公路工程的建设发展有效化。

（2）建立健全新材料新工艺的标准体系，将这些新材料新工艺的主要特征以及具体施工应用要点做好总结归纳，进一步完善对新材料新工艺施工标准体系的建立，为后期工程施工的顺利开展做保障。

（3）对公路工程施工新材料和新工艺的具可行性做好分析研究，将应用新材料新工艺所带来的效益实现量化，以此为标准建立健全新材料新工艺的评价机制，以此保证在具体施工过程中正确应用理念的树立。

（4）强化施工人员综合素质的提升。在对新材料新工艺引用的过程中，要保证有关施工技术人员的高理论水平和实际操作水平，保证其可以正确地认识了解所引进的施工新材料新工艺，保证新材料新工艺在公路工程施工过程中地有效执行，这也是保证公路工程新材料新工艺在实际施工中能够发挥其功能的关键性环节，所以必须要加强对施工人员的技术培训。

（5）有关施工单位要进一步加大对新材料新工艺的应用投入，在对新材料新工艺系统采购引进的时候，要对这些新材料新工艺的实际应用价值做好分析，做好施工技术交底工作，以此保证后期施工过程中新材料新工艺的有效应用实施，最终有效保证整体工程质量安全，促进公路工程更好快发展。

总而言之，在我国经济水平不断发展的今天，为满足新的发展需求，将新材料以及新工艺应用到公路工程建设中有着一定的现实意义，以此可以保证公路工程质量安全，提高公路工程的使用寿命，进而促进公路工程的更好更快发展，所以在以后的工作中，我们要进一步研究应用公路工程的新型材料及施工技术。

第二节　公路环保材料及新技术对工程造价的影响

当前，我国的公路有很大一部分已经进入了大修期，同时还有相当数量的待建和在建公路。现在公路造价呈逐年上升的趋势，据相关资料，湖北西部山区的十堰高速公路，设计 4 车道，全长 66.931 公里，总投资 64.79 亿元，每公里造价约合 9 680 万元；而广深沿江高速公路广州至虎门段，设计 8 车道，全长 59 公里，总投资约 157.7 亿元，每公里造价约合 2.67 亿元，其中，材料费就占据公路工程造价的 40% ~ 50%。利用节能材料、节能技术降低工程造价显得尤为重要。

"十三五"是我国产业结构调整转型的重要阶段，也是发展理念转变的重要时期。在绿色发展理念下，对公路工程的要求就是实现低碳建设，即节约材料、高效利用现有材料、开发新材料，走节能建设之路。因此，我们应该从可持续发展的角度出发，在公路工程建设中尽量使用新型节能材料，发展节能型新技术新材料将实现节约资源、提高资源利用率，以此来降低工程造价。

一、环保型新技术及新材料的应用

公路工程造价，包括主体工程和沿线附属工程以及养护等费用。其中，主体建设成本占据的比例最大，而后期的养护成本也不可忽略。本节以泡沫混凝土、沥青再生技术以及新能源技术为对象，从公路工程整个建设过程来介绍节能新技术对工程造价的影响。

（一）泡沫混凝土

在硬化的水泥砂浆或砂浆中利用发泡剂引入稳定的空隙，在保证强度的前提下，降低混凝土的密度，由此产生的混凝土称为泡沫混凝土。绝大多数泡沫混凝土不含大型骨料，只有细砂和含有水泥、水和泡沫的极轻材料。与普通混凝土相比，泡沫混凝土由于不含粗骨料而相对均匀。其主要优点是质量轻，此外还具有隔热、保温、防水、防火以及较高的抗震性能。在生产泡沫混凝土的过程中，其所消耗的能源将远小于普通混凝土，而且对环境的污染小。

制造商开发了不同密度的泡沫混凝土，这些产品用于沟槽修复、桥台填充、路基、以及隧道工程等方面。本节以高填方涵洞、旧路扩建、桥台台背填方以及在隧道工程的应用为例，介绍泡沫混凝土在公路工程中的应用，以及其相比传统方式的对造价的控制。

高速服务区的掉头涵洞、过人涵洞或过水涵洞等，往往需要在上方填筑土体以达到设计的路基标高，有些涵洞的填方高度高达十几米。在一些对沉降比较敏感的地区，如果采用土体填充，由于土体的自重（20 kN/m³）较高，且极易受到降雨、行车荷载的影响，产生较大的变形，并且对涵洞结构的承载力以及涵洞基础的承载力具有较高的要求，而采用其他结构形式时造价较高或者施工困难。采用泡沫混凝土（5 kN/m³）代替土体进行填筑，可以减少自重并很好地控制沉降，同时也能大幅降低涵洞上方的荷载，涵洞结构设计强度也随之降低，造价也随之降低，除此之外，泡沫混凝土的施工速度较快，可节省工期。

（二）旧路扩宽

随着经济的发展，道路交通量也随之增加，原有的一些道路已经不能满足需求，而另建则受到经济成本和空间的制约，尤其是在城市道路中，所以常需要对旧路进行扩建改造。如果采用传统的方法，会存在以下几个问题：扩建后新旧路基沉降差异，往往会将面层拉开，给行车安全带来隐患，同时也增加了后期养护的成本；扩建需要征地，涉及巨额的拆迁补偿；扩建需要对道路进行封闭或者限行管理，给交通带来巨大的压力；施工周期较长，增加扩建改造成本。

以广东某公路为例，原公路为双向四车道，现对两侧进行扩宽，各增加两车道，改造成双向六车道。扩宽段土质为高液限土，如果采用传统的扩宽方式，首先新路基的沉降难以控制，不能与原有路基协调变形，而且施工不变，于是采用泡沫混凝土进行拓宽。

采用的泡沫混凝土密度为 800 kg/m³，28 d 抗压强度为 8 MPa。先按设计要求，开挖台阶，铺设碎石垫层，然后依次浇筑，最后填筑外包土。经对比传统的旧路扩宽工程，采用泡沫混凝土可以大幅缩短工期，并且造价只有传统方案的 60%。

（三）桥台台背填充

现阶段，桥台背的填充仍以土为主，在施工完成后，常发生较大的不均匀沉降，尤其是在软土地区。将泡沫混凝土应用于桥台台背的回填是对传统回填技术的一项创新。泡沫混凝土材料密度小，质量轻，强度远高于传统回填土。在填充后，处于超固结状态，从而避免不均匀沉降，消除了桥头跳车等问题，具有明显的技术优势。

根据以往的桥梁养护经验来看，桥梁维修费用的 60% ~ 70% 花费是在处理桥头跳车上面。采用泡沫混凝土可以从根源上解决桥头跳车的问题，降低养护阶段的费用。

（四）隧道工程

泡沫混凝土具有较高的流动性和抗渗能力，而且强度可以根据需要进行调节，具有较好的自立能力和抗震能力、较强的防水性和耐久性、良好的隔热隔音效果和较好的抗冻融性，不仅环保而且与混凝土或者水泥砂浆相比，价格低廉，可用于塌方治理、衬砌超挖填补、空腔填充、明洞地基处理、堵水等方面，也可作为初支和二衬之间的填充材料，以协调变形，同时降低二衬承担的荷载。

如果对强度、抗渗性能要求较高，泡沫混凝土将是最佳选择，填土虽然价格低廉，施工技术要求低，但是其填筑质量难以保证，沉降难以控制。注浆技术，虽然可以保证质量，但是价格过高，施工的要求也较高，所以泡沫混凝土仍将是最具性价比的填料。

初步的研究结果表明：泡沫混凝土具有理想的强度、密度低、施工时不需要振捣、具有较好的保温性能和冻融性能以及优良的耐火性能，而且相比其他材料成本较低，是工业化建设材料的较好替代品。然而目前泡沫混凝土仍未建立全国性的统一规范，导致市场上泡沫混凝土的质量难以控制，标准难以统一，所以制定全国性的技术规范，统一泡沫混凝土的等级标准，需要尽早提上日程。

二、附属设施节能技术

（一）绿色能源供电

公路沿线尤其是高速公路，布设许多监控、信息采集以及通信设备，这些设施分布在公路沿线，距离变电站较远，而且这些设备的功率较低；一些地区的收费站或者服务区由于比较偏僻，超出供电区间。如果利用市电提供电力，将会增大线径以弥补传输中电力的损失，另一方面，公路路线较长，距离较远且成本较高。

如果采用新能源供电，比如太阳能和风能发电技术，以维持公路正常运营，将会大幅降低运营成本。使用太阳能发电、风能发电或者风光互补发电系统，为监控设备、通信设备供电，合理的规划，其成本远低于远程输电的成本。

（二）地源热泵

工程建设中，工作人员住宿办公区的采暖降温，以及运营期间服务区，收费站的采暖降温，所消耗的电能是不可忽略的。

对此，可以利用地源热泵技术为服务区以及收费站进行供暖降温。服务区和收费站的取暖降温所消耗的电能占总消耗的 60% 以上，在宁高高速公路的服务区，采用地源热泵技术取暖以及降温。据计算，利用地源热泵可以可以节约 30% ~ 40% 的供热制冷空调的运行费用，1kW 的电能可以得到 4kW 以上的热量或 5kW 以上冷量。

（三）LED 照明

使用 LED 节能灯代替传统光源照明，LED 具有节能、环保、寿命长、体积小等特点，可以广泛应用于各个领域，特别是道路照明等长时间照明环境。LED 具有超低功耗，相同照明效果比传统光源节能 80% 以上，寿命比传统光源寿命长 10 倍以上。

三、沥青再生技术

"十三五"期间，我国高速公路进入大修期，同时也有一批待建公路。据估计，每年新建和养护所需的沥青混合料将超过 5 亿吨，同时每年将产生约 2 亿吨的沥青废料，其经济价值据粗略估算可达 20 亿元以上，而我国由于技术水平的限制，废料利用率在 10% ~ 20% 之间且远低于发达国家的 80% 的利用率。在新时期新的发展理念下，提高废沥青的利用率，发展沥青再生技术已经迫在眉睫。沥青再生技术直接使用废料，节省沥青混合料，从而实现废物利用，最大限度地降低工程造价。

泡沫混凝土与普通混凝土相比，具有成本低、污染小的特点，在公路工程中有较好的应用前景，对降低工程造价有着重要作用；沥青再生技术，实现废物利用，既环保又可有效降低工程造价；而在附属设施中，使用新能源供电等节能措施，有利于降低建设成本和运营成本。

第三节　公路扩宽工程中新老路面拼接施工工艺

随着公路运输量的加大，我国大部分的公路已经不能够满足现今物流运输的要求，因此，我国开始进行公路拓宽建设。我国积极在原有公路上进行改造，使得公路的性能得到提升，更好地为公路交通而服务。但是就我国目前公路拓宽的实际情况来看，在新老路面的拼接施工工艺上还存在一定的不足，使得公路的整体质量受到严重的影响。为了能够提升公路的使用价值，就要着力对公路拓宽工程中新老路面拼接施工工艺进行提升，这也是现今公路设计者们主要研究的课题。

一、公路拓宽工程中新老路面拼接施工工艺发展现状

市场经济的发展带动了物流行业的发展，道路运输行业也随之蓬勃兴起。近几年，为了满足经济发展的要求，我国大力建设公路，除了进行新公路的建设，也开始进行原有公路的改进。其中，对原有公路进行拓宽处理，是现今公路建设中的主要项目。但是就我国目前的公路施工技术水平而言，在进行公路拓宽建设中，还存在诸多的问题，尤其是新老路面拼接的问题最为严重。

西方发达国家的公路建设起步较早，其各项技术水平都较高，在进行公路拓宽施工中，对于新老路面拼接的处理也较为完善，公路的质量有着较高的保证。相比于西方国家而言，我国的公路建设起步较晚，各项施工技术都不够完善，在进行公路拓宽建设中，无法将新老路面进行有效地拼接，使得原油公路的拓宽建设受到严重的影响，公路的质量无法得到保证，从而影响交通运输。虽然我国在近年来对于公路建设的研究比较多，对于新老路面的机构也有一定的研究，但是还不足以完善新老路面的拼接问题，技术水平上的差距，使得我国的公路拓宽工程无法高质量地完成。

在对西方国家的公路拓宽研究中可知，在进行公路拓宽建设中，新老路面的拼接是一项重要的施工技术，对于公路拓宽工程来说具有深刻的影响。以软土地基公路工程来说，在对其进行拓宽建设时，要注意不要忽视对软土地基的加固处理，另外，还要对地基结构进行合理的强化，加铺路堤，以保障公路地基的建设质量，从而保障公路建设工程的整体质量。

二、公路老路面的质量问题

（1）路面沉降。公路路面结构发生局部下沉，导致路面变得凹凸不平，不仅不能保证路面的行车舒适性，还容易引发安全事故。公路路面产生沉降的主要原因是公路路基承载力偏小。

（2）裂缝或开裂病害。裂缝是影响路面结构稳定性的关键因素。而当前国内大部分公路路面发生裂缝的概率都比较高，其原因可能是自然界雨水对路面的冲刷导致，也有可能是因为公路路基裂缝向上反射，进而造成公路路面开裂。

（3）车辙。车辙主要是指车辆行驶过后，公路路面出现深浅不一的车轮印。造成路面发生车辙现象的唯一原因是：运行车辆或装载物的荷载力超过了公路路基的承载力。

（4）翻浆。翻浆现象也是公路路面病害中的一种常见形式，而造成路面出现翻浆现象的主要影响因素是地表水。路基基层长期浸泡在地表水中会发生软化和膨胀，当路面有车辆行驶时，地表水便会从路面中喷射出来，进而形成翻浆。

三、对老路面病害的处理

针对上述公路老路面的质量问题，采取的主要处理措施有：首先是针对路面沉降问题的处理。在进行路面沉降问题的解决时，先要进行路面的观察，检验路面沉降的严重程度，如果发现路面只是存在轻微的沉降现象，并且没有明显的凹凸现象，针对这类路面只需要用沥青混合料将路面沉降的部位进行填充处理即可；但是如果发现公路路面澄江的现象较为严重，并且路面的凹凸现象不明显，那么就要采用"圆洞方补、斜洞正补"的方式来进行路面沉降处理。

其次是针对路面开裂问题的处理。要对路面先进行观察，查看路面的开裂情况，如果发现路面的裂缝比较严重，在裂缝的宽度超过了3mm时，就要采用乳化沥青裂缝灌缝撒料技术来对裂缝进行处理，从而保障路面能够正常的使用。

我国很多的公路建设时间都比较早，在建设初期没有相应的技术支持和完善的设备施工，使得公路路面存在严重的质量问题。虽然有些路面已经进行过翻修处理，但是在实际的运用中，这些公路还是存在一定的问题，有些公路甚至在翻修之后又出现了新的质量问题。

最后是针对翻浆问题的处理。对公路进行全面的检查，将有问题的部位全部找出，然后一一进行挖除处理，在挖除有问题的部位后，将基层材料进行晾干处理，在材料充分晾干之后在其中加入沙砾，形成一种新型的材料，然后将这种新材料作为填充之用，填到挖除的部位，主要在填充过后要对其进行压实处理，以保证路面的稳定，最后再进行路面的铺设。

四、新老路面拼接的施工探讨

（一）施工前的准备

准备工作主要包括清除遗留物和测定标高两部分：（1）清除遗留物：拆除原有护栏，清除路肩的覆盖土、硬化水泥块等杂物，用高压风吹干净路面结构层上的浮土，清除的遗留物原则上按照废弃物进行处理；（2）对路面标高进行全面复测，每米设置一个点，与施工图设计标高进行核对，对不符合误差标准的路段，要会同设计单位最终确定施工控制标高，在调整时要认真研究在底基层顶面、基层顶面和沥青中面层顶面调整到位。

（二）基层拼接施工

新铺基层的两侧统一采用设计标高，在接缝处用人工方法平整新老基层标高的差异，基层施工采用摊铺机摊铺，用横坡仪进行横向控制，用外侧拉钢丝控制纵向顶面的高程，基层表面要求平整坚实无松散点。在进行横向拼接时，如果水泥稳定碎石基层留在当天的工作缝，在第二天拼接时超过 12 个小时，就要采取垂自接缝；不超过 12 个小时，可以采用斜面接缝。

（三）面层拼接施工

面层拼接的标高有两种选择：一种是以老路标高为准，具体做法是在新加宽路面外侧拉钢丝，内侧沿老路走雪橇找平；另一种以新路标高为准，具体做法是在新加宽路面外侧拉钢丝，内侧走铝合金梁，然后在接缝处进行人工顺平，这样才能保证接缝面混合料能够均匀填满。

综上所述，关于公路路面扩建中的新老路面拼接施工问题，其首要处理方法是做好公路老路面的整顿，完善老路面施工质量，然后再进行新老路面的拼接施工。本节通过对公路老路面病害类型、处理措施以及新老路面拼接施工方法等内容的分析可知，重视并做好每一个施工环节的工作，保证公路基层、面层的施工质量可有效解决新老路面的拼接施工问题，修护、建设出合格的公路扩建工程。

第四节　公路工程现场检测新技术

随着现代化社会建设进程的加快，交通基础设施的建设无论是对人们的日常生活还是对社会各个行业而言，都发挥着基础性的作用。在交通基础设施的建设过程中，公路是最基础的项目，同时也承担着重要的职责并发挥着不可忽视的作用。中国公路建设的快速发展，对公路工程的质量提出了更高的要求，而试验检测是工程质量管理的重要组成部分，因此，充分发挥试验检测工作的基础作用至关重要。

一、对公路工程现场检测技术的分析

（一）"路面弯沉检测"技术

路面结构承载能力是路面在达到预定的破损状态之前还能承受的行车荷载作用的累积次数，对路面结构承载能力的测定一般分为无损破损试验和破损试验 2 种。使用"路面弯沉检测"技术测定路面结构承载能力，需要使用的设备为落锤式弯沉仪，而落锤式弯沉仪分为拖车式和内置式，由荷载发生装置、弯沉检测装置、牵引装置和运算和控制装置构成。其工作原理是将测定车开到测定点，通过计算机控制下的液压系统，启动落锤装置，使一定质量的落锤从一定高度自由落下，冲击力作用于承载板上并传递到路面，导致路面产生弯沉，然后分布于测距点不同距离的传感器将记录到的信息传输到计算机中。因此，"路面弯沉检测"技术具有测速快、精度高等方面的优点，在公路工程的现场检测中得到广泛的应用。

（二）雷达技术

雷达技术是在利用高频电磁波的基础上探测成像，从而实现地质预报的目的，由于这项技术具有独特的优越性，其应用不仅是在公路工程现场检测中，而且已经渗透到道路施工和后期检测维修的全过程。在公路建设的前期，由于对地质结构还不清楚，使用雷达技术可以确定地质结构，划分不良地质体；在公路工程的施工阶段，使用这项技术可以准确地测出路面面层的厚度，为工程的顺利开展奠定良好的基础；在公路工程完工并投入使用后，使用该技术可以进行日常监察，起到及时发现日常隐患、维护公路的作用。

（三）路面平整度检测技术

平整度是道路建设、管理活动中质量监控的重要指标，该指标直接关系公路路面的使用寿命、舒适度等多个方面，因此，在公路工程现场检测环节中利用路面平整度检测技术进行检测是至关重要的。路面平整度检测技术，具体可以分为以下几种方法：（1）三米直尺法，是一种传统的平整度检测方法，即以三米直尺基准面距离道路表面的最大间隙表示路面的平整度，这一方法使用于测定压实成型的路面各结构层表面的平整度，具有简单、易操作等优点，一般多用于低等级公路的质量检测。（2）精密水准仪法，即按照规定的程序直接计算相关路面的 IRI 值，这一方法的优点是精确度高，缺点是程序烦琐、速度慢、测量仪精确度要求高，因此，不适合公路工程的现场检测和质量检查验收。（3）连续式平整度仪法，使用这一方法的仪器中间有 1 个 3m 的基架，前后各有 4 个行走轮，并且装有位移和传感器，测定时沿路面某一纵向位置以一定距离测得 3m 直线中点的单向垂直位移，该方法操作简单，因此，在公路工程中被广泛使用，但是需要注意的是这一方法不适合坑坑洼洼、破损严重的路面。

（四）路面抗滑性能检测技术

路面抗滑性能是公路工程现场检测的重要内容之一，因为道路安全是道路使用者对道路的基本要求，所以公路路面抗滑性能的检测，不仅关系公路建设的质量，而且直接关系人们的生命与财产安全，因此，合理地使用路面抗滑性能检测技术至关重要。路面抗滑性能检测技术要在相关仪器设备上才能合理应用，而用于检测路面摩擦系数的检测设备又可以分为单点式测试设备、制动式测试设备和偏转轮式测试设备，与此同时，路面抗滑性能检测技术包含的方法可以分为摩擦系数测定法和构造深度测定法，其中摩擦系数测定法主要有摆式仪法、单轮式横向力系数测试车法、双轮式向力系数测试车法和动态旋转式摩擦系数测定仪法；构造深度测定法则包括铺砂法、车载式激光构造深度仪法，这些方法各有千秋，在公路工程的现场检测中都发挥着重要的作用。

二、公路工程现场检测过程中需要注意的问题

分析公路工程现场检测的技术之后，在公路工程建设过程中需要注意以下问题，才有利于更好地利用公路工程现场检测的技术，促进公路工程的建设与发展。（1）在使用公路工程现场检测的技术的过程中，要结合公路工程建设的实际发展情况合理运用，从而有针对性地促进公路工程现场检测工作；（2）随着科技进步和发展，在公路工程的建设过程中要及时更新相应的检测设备，从而为公路工程现场检测技术的应用奠定良好的基础；（3）在公路工程的现场检测过程中，为了促进公路工程现场检测的技术得到更好的应用，还要从人员方面入手，为公路工程的建设配置专业性强的工作人员，促使公路工程现场检测技术更好地应用于公路工程建设中，促进公路工程的建设与发展。

随着公路行业的迅速发展，道路等级的不断提高，质量问题成为公路工程在开展过程中最需要注重的一个方面，因此，合理使用公路工程现场检测的技术，对提高公路工程的整体质量有重要的作用。基于此，本节从公路工程现场检测的技术入手，分别分析"路面弯沉检测"技术、雷达技术、路面平整度检测技术和路面抗滑性能检测技术，并且在此基础上分析了在公路工程现场检测的技术使用过程中需要注意的问题，希望可以促进公路工程现场检测工作得到良好的开展。

第五节　公路隧道工程中新奥法施工技术

一、新奥法机理

新奥法是奥地利学者拉布西维兹首先在学术报道中所提出，是一种全新的施工方法，所以被工程界命名为新奥法。该施工方法主要是通过使用喷射混凝土与锚杆的方式来形成支护结构，有效地预防在施工出现围岩变形的问题，从而可以发挥出其较高的承载性能。它是在锚喷支护技术的基础上总结提出的，与传统钢木支撑方式存在非常明显的区别，不仅施工方式存在差别，施工理念也是不同的，是人类关于隧道施工技术的进一步研发和应用。锚喷技术的全面发展和进步，将隧道与地下洞室的工程理论引入到现代工程领域中，给隧道领域的发展提供了良好的基础条件。

二、高速公路隧道工程案例分析

某隧道项目左、右幅长度分别为 457 m，479 m。该隧道设置在山地的区域中，其主要的组成部分是硬质岩石。从整个工程的地质勘查可以发现，其围岩是向南西方向倾斜，角度达到 70°。隧道入口的位置上存在有小型滑坡或者堆积碎石的问题，并且基层存在有 5 m ~ 10 m 的风化层，强风化的问题比较严重。隧道的出口处于冲沟地带中，底部为碎石土的地质条件，并且在洞口的位置上坡度比较大。

三、高速公路隧道新奥法施工的技术方案

（一）断面布置的监控量测

综合考虑到本次工程的实际情况以及围岩等级，该隧道工程中采用收敛量测断面的方式来进行，同时需要将观测断面设置到薄弱地层中，然后在施工的过程中全面的关注岩层变形以及稳定性等方面的问题，可以大大提升工程施工的安全性与质量。

（二）开挖施工作业

（1）明洞与洞口段的土石方施工。在工程实施的过程中，应用开挖机械来进行土方开挖施工，而石方则主要应用的是非电控制爆破的方式，完成之后应用装载机将石渣运输到施工区域外部，主要是自卸汽车运输的方式。明洞开挖采用的是明挖施工方法，需要应用机械来实施分层开挖与喷锚支护施工。该隧道项目，洞口的石质条件比较差，所以开挖施工时应该采用上下断面同时开挖方式来进行。根据施工工艺的要求，上断面开挖施工的高度要控制在 4 m 以下，此时需要保证洞口部分开挖与正洞拱顶保持 20 cm ~ 30 cm 的距离，这样能够保证项目实施过程中排水的需要。

新奥法施工并不仅仅是一种支护方法，其主要是通过全面的提升巷道围岩强度与承载性能来达到施工安全性的要求，需要综合考虑围岩力学、支护结构体系的原理之后进行全面的工程设计，从而可以随时监控系统的运行情况。根据新奥法的施工基本原则，在施工中需要选择合适的支护措施以有效地抵抗结构的变形，有效地预防岩层出现松动的问题，从而可以大大提升工程的质量，创造更高的经济效益与社会效益。

（2）明洞的施工作业。在开挖深度达到 60 m ~ 100 m 时，可以开始明洞与暗洞的二次衬砌施工。施工的过程中，要根据先明洞后暗洞的顺序来进行。

（三）洞身开挖施工

暗洞开挖施工开始之前，应该根据设计方案的要求来实施洞口的套拱作业，在上部结构中需要设置土带或者片石材料，从而可以提升坡脚结构的稳定性。此时应该注意的是：套拱施工必须要在暗洞超前支护施工之前就要完成。此外，暗洞开挖之前要按照设计方案

的要求，使用 φ89 mm 的管棚实施超前支护施工，此时可以在导管与注浆防护的基础上实施断面开挖施工。

洞口锚喷支护。洞口边仰坡支护是暗洞进洞前的具体操作，在工程实施的过程中，应该采用人工打眼方式架设锚杆，然后应用注浆机进行注浆施工，并且采用人工施工方式来固定锚杆。此时应该注意的是：钢筋网的加工需要在施工现场内进行，制作结束之后需要立即开始焊接与安装。钢筋网安装完成后可以开始喷射施工，严格按照设计方案的要求来确定喷射厚度。

在下半断面施工的过程中，应该采取左右断面开始施工的方式，并且需要确保两个断面保持间距为 7 m ~ 10 m。首先需要开始右半段部分的施工，然后才能开始左半断面部分的施工。可以选择人工风镐方式来进行钻眼开凿施工，可以使用弱爆破的方式，应用自卸车运输石渣。在该施工方式下，每次掘进 1 m ~ 1.5 m，只要能够达到格栅钢架部分的施工就要该结构安装到规定的位置上，并且根据设计方案的要求来开始喷锚支护施工。如果施工位置上岩石地质条件可以达到要求，应该采取全断面的方式实施开挖作业，此时应该保证循环进尺 3 m 左右。

（四）超前支护与初期支护

（1）锚杆施工作业。中空注浆锚杆的安装施工过程中，应该严格执行设计图纸的要求。通常来说，锚杆孔深度需要控制在岩体锚杆50 cm 以下，钻进到设计方案要求的位置之后，通过压缩空气吹净，防止出现堵塞的问题。此时应该保证风压在2 MPa 以下，并且持续4 min。注浆压力参数的确定需要以设计方案为基础，考虑到施工现场的具体情况之后确定。

（2）钢筋网的挂设。在施工现场利用钢筋加工钢筋网，同时再应用人工现场安装施工。钢筋网的规格型号为2.0 m×2.0 m。在具体安装施工的环节中，采用焊接的方式连接和固定，以保证结构的稳定性，从而可以满足工程的施工方案要求。

（3）加工并安装钢支撑。选择 V 级围岩部分，使用型钢作为支撑的主要结构部分，而对于 IV 级围岩则应该应用 φ22 的锚杆与 φ6 的钢筋网共同组成加固结构，此时的网格间距需要确定为 20 cm×20 cm，应用全环设置方式来进行施工。

（4）混凝土喷射施工。混凝土喷射的初期阶段中，采用合理的搅拌方法，根据工程的设计方案与施工技术标准来进行施工，需要保证混凝土原材料的结构性能达到要求之后再施工。隧道开挖施工结束之后，应该立即开始混凝土的喷射施工，防止出现地面松弛的情况存在，而对于喷射完成的混凝土结构来说，需要采用洒水的方式来完成养护施工。

（五）二次衬砌施工作业

该隧道工程的二次衬砌施工阶段，要严格执行新奥法施工的原则和技术要求。其中，低于 V 级围岩部分，必须要确保二衬施工面与掌子面的间隔距离控制在 20 m 以下，同时需要保证控制时间不超过一个月。而对于其他级别的围岩来说，应该保证支护的稳定性满足要求后才能开始施工。

采用新奥法来进行高速公路隧道项目实施可以满足安全性的要求，所以可以在大范围内推广使用，从而可以促进我国高速公路隧道领域的发展和进步。

第六节　公路工程钢箱梁桥面板施工新技术

随着我国桥梁施工技术的发展，很多大型公路钢箱梁在连接施工中都采用的是桥面板焊接的方式，U形肋结构应用的是刚强度螺栓进行连接。这种方法不会存在全焊接或者拴接方式的缺陷，技术具备较高的先进性。本节主要对钢桥面板接头构造进行深入分析，以期切实提升桥梁的施工效果，满足交通运行的需要。

一、钢桥面板工地接头构造

（一）钢桥面板的构造

大跨度悬索桥与斜拉桥的形式，钢箱梁结构部分的重量几乎达到整体桥梁重量的1/5。正交异性钢板结构桥面板主要来自混凝土结构面板或者是预制板部分。因此在大跨度桥梁中受到较大自重的影响，采用正交异性板钢箱梁是非常重要的结构形式。一般来说，钢桥面板表层的部分应用的是沥青混凝土表面铺装层，这样就能够提升桥梁的通行性。随着桥梁技术的发展，当前的正交异性钢桥面板的主要组成结构即为纵肋与横肋，并且二者之间保持垂直布置。在桥梁结构生产制作的过程中，全桥被分成若干节段在工厂内进行生产制作，完成之后再运输到施工现场进行拼接施工。

（二）正交异性钢桥面板构造的改进

钢桥面板是主梁上翼缘，其主要的作用是承载车辆载荷。从上文中可以了解到：钢桥面板主要的组成部分是面板、纵肋与横肋等组成部分，所有部件主要是通过焊接的方式连接起来，焊缝交叉部分设置为弧形缺口的形式，内部的组成十分复杂。在车辆经过该区域之后，车辆载荷会产生较大的应力，从而在较差的位置上产生一定的局部应力，所以钢桥面板出现疲劳问题是主要考虑的方面。疲劳裂纹存在于纵肋与面板之间的肋角焊缝，U型肋钢衬垫采用对接焊缝方式来连接，此时的钢面板对接部分也是抗疲劳性能最弱的区域。经过深入分析细节设计方案，同时进行焊接技术的改进和提升，从而可以有效地降低钢面板出现裂缝的概率。经过改进之后，面板对接焊接采用的是陶瓷沉淀的方式，其可以实现单面焊双面成型的效果，同时再应用U型肋进行高强度螺栓连接，整体结构强度得到很大提升。经过改进处理之后，提升焊接性能，具备较高的抗疲劳特性。

二、试件设计和制造

通过计算正交异性钢桥面板刚度与恒载所造成的弯曲载荷的情况，将纵肋共同作用到钢桥面板中的宽度设定为纵肋间距尺寸。钢箱梁工地接头位置上应用的是单面焊双面成型的方式来进行，并且在焊缝的内侧位置上设置陶瓷衬垫部件，所以需要在焊缝下方的U型肋侧壁开口以保证衬垫能够顺利地放置到焊接位置上。

三、试验概况

（一）加载方案

当前我国的国家规定中，对于超 20 级荷载内的 550kN 车辆后轴部分的重力应该设定为 2×140kN，后轮与地面的接触面积应该达到宽 × 长 =600mm×200mm。在本次试验过程中，在进行加载点的确定是按照该标准中规定来确定的，所以本次的加载宽度确定为400mm，也就是在单轮与双轮宽度尺寸之间，可以满足本次实验的需要。根据试验方案的规定要求，在桥梁的试验区域中选择尺寸为宽 × 长 × 厚 =420mm×200mm×12mm，在表面铺装层结构部分中开始进行试验，然后放置尺寸为 400mm×300mm×50mm 橡胶薄板来实施加载实验。

（二）测点布置

为了可以确定缺口位置中所存在的应力状况，应该在该位置上布置较为密集的测试点进行性能测试，其中面板焊缝周边区域中总共需要布置 12 个测点，从而可以测定其纵、横方向上的应力参数。此外，还需要在跨中与焊接接头对称处来进行性能的测试，从而保证其测试性能具备普遍性。

（三）疲劳试验

根据试验方案的要求，首先选择编号为 I 的试件来进行试验，此时应该将试验载荷设置在焊栓接头位置，参数设定为 40 ~ 90kN，同时应该将循环次数设定为 200 万次。利用有限元分析方法来进行参数计算，在试件中施加跨中 40kN 载荷时，此时的 U 形肋下面最大应力与桥梁在正常使用中的荷载基本相同；在增加到 90kN 荷载之后，最大应力与恒载、活载之间所产生的应力相差不大，所以应该选择使用上述疲劳加载数据。

（四）静载试验

对于两个试件都实施静载荷试验，将该试验分成两个方式来进行加载，其一是在焊栓接位置上来进行加载试验，其二是在跨中位置上进行加载试验。通过有限元方法来进行参数的计算，在跨中位置上施加 140kN 载荷时，此时最大应力参数值达到了 200MPa，在试验中综合考虑到受力最不合理的状态，在静载增加到 175kN，此时即为实际轴重量的 2.5 倍，从而可以保证其最大应力极限值为 75%。

四、试验结果分析

（一）竖向挠度

经过实际测量之后，各个测点位置上施加不同载荷参数之后所产生的竖向挠度数据，可以总结出如下结论：

（1）实测参数与计算参数相差不大，表示实际测量值即为合理值。

（2）跨中载荷布置的过程中，利用有限元分析方法来进行数据的计算，焊栓接头位置的挠度较之对称位置的挠度参数要小，此时由于焊接接头位置上的 U 形肋板两侧使用高强螺栓在高强螺栓位置上设置拼接板部件，相当于在该位置的腹板厚度尺寸的 2 倍，且可以与面板焊接接头进行连接施工，此时可以提高焊接接头位置的刚度，同时还应该在该位置上设置手孔，但是要确保不会给局部强度造成负面影响。

（3）在对焊栓接头位置进行加载的过程中，试件 I 接头位置上与跨中位置的挠度较之 II 来说其挠度适当增大，这与该位置的螺栓拧紧程度存在直接的联系。但是经过有限元的数据分析可以发现，上述两个试件的挠度参数相同，这也就表示其缺口部分与刚度并不存在直接的关系。

（4）各个测试位置的测量参数表示其挠度与载荷参数存有线性关系。

（二）疲劳强度

在试验的过程中，设定下限 40kN、上限 90kN 进行荷载试验，反复试验 200 万次之后，经过性能的检测之后可以确定 I 试件位置上的挠度与试验之前并不存在明显的变化，这也就表示疲劳载荷的作用对于试件的刚度并未造成直接的影响。在使用 20 倍放大镜进行试件观察之后可以确定，所有的试验位置上并不存在明显的裂纹，然后再次进行试验，发现各个部分的应力大小与载荷参数依然呈现出线性变化的关系。

（三）局部应力

经过实际测量之后可以总结出如下结论：

（1）在施加外部载荷之后，两个试件中的多数测点都能够满足应力的需要。

（2）在焊栓接头位置上进行外部载荷施加的过程中，此时应该对两个试件实施应力比较分析，此时得到如下结论：①试件 I 中的 U 形缺口位置上较之试件 II 来说其横向压力会比较大，而针对其他测点位置来说，所得出的最终数据相差不大，但是也没有超出设计要求的参数值；②试件 II 中的焊栓接头位置上的纵向压力会略大，但是在其他位置上，其实际测量值相差不大；③试件 I 中的 U 形缺口位置较之试件 II 来说会稍大。从这些数据可以得出，在缺口位置上施加不同的荷载仅会给试件应力造成一定的影响，而其他的位置上则能够满足实际需要。

（3）在施加跨中载荷的过程中，经过检测所有的测点之后，发现其应力参数相差不大，且数值也非常小，与焊栓接头对称位置上纵向、横向应力基本相同，可以满足桥梁日常使用的需要。

（4）通过实际的试验分析可以发现，伴随着施加载荷的逐渐上升，其与计算参数值完全一致。

正交异性钢桥面板在进行对接的过程中应用的是全熔透的方式，同时还需要在两侧施加了高强度螺栓来进行连接，然后再进行疲劳试验以及有限元计算分析，经过试验参数的比对分析，在设置 U 型缺口位置上的细节位置上其整体的性能可以满足工程的需要，同时还测量确定其要小于设计容许压力，整体强度都达到了使用的需要，具备较强的运行稳定性。但是在实际操作中，还需要尽量的缩小 U 形缺口的尺寸，一般都控制在 70mm 左右为最佳。

第六章 新材料、新工艺以及新技术工程的施工应用

第一节 "四新技术"在公路工程中的应用

云南作为国家面向东南亚的窗口，随着"一带一路"发展理念的提出，基础建设已成为制约地区发展的核心问题，同时也迎来了各项建设的黄金时期。玉楚高速公路，全长190km，也是云南省近年来少有的大型项目，如何让一个工程成就一个企业，占领一片市场，交通运输部"品质工程"创建的提出则给出了答案：创新——理念创新、管理创新和技术创新等等。

在各项施工工艺日趋成熟的今天，技术作为最基础的，技术创新也是最难推出的，那么如何让各项"新技术"更好地得到应用及推广，本节则重点从参建各方进行了思考及阐述。

一、项目概述

云南玉溪至楚雄高速公路，起于玉溪市红塔区，接昆磨高速，止于楚雄州楚大高速起点，全长190km。先期开工的勘察试验段采用股权＋总承包模式，全线则采用社会投资＋政府投资的PPP模式，项目以创建交通运输部"品质工程"为目标，通过实现玉楚高速公路建设技术及管理制度的创新，达到安全质量管理水平全面提升的目的，逐步形成"品质工程"标准体系和管理模式。

二、"四新技术"的应用现状

前期施工的试验段中，项目在全线陆续地推出隧道防坍监测系统、边坡无线监测预警系统、智能张拉及制浆压浆系统、安全多媒体培训工具箱、小导管数控制作设备、真空压浆罩等新技术，各项新技术的应用在为管理带来便利的同时，成本的降低、效率的提升、品质的提高、外界的认可，使项目的管理层认识到"四新技术"在工程建设过程中发挥的巨大作用，也为即将全面开工建设的二期工程引入"新"的概念。

三、"四新技术"在工程建设及管理中的应用及推广

（一）四新技术与项目业主

项目最重要的主体也是项目的投资方与使用方，任何一项"新"的应用及推广都离不开项目业主的支持。新技术的应用及推广带来了一定的风险，社会效益与经济效益的权衡、成本与效率的选择，往往决定最终的结果，只有决策者的"意识"与"胆识"并存才能"推新出陈"。

玉楚高速的建设得益于一个年轻的管理团队，得益于一个积极推新、敢于推新、勇于创优的团队，在建设初期提出的创"鲁班奖"，在建设过程中提出的创"品质工程"，正是因为有项目业主及总承包单位的大力支持，将"四新技术"的应用纳入各项管理文件及日常检查中，才能将一项新技术的引进、试用到全线推行在短时间内完成。

（二）四新技术与工程设计

国家十三五规划的推行，使得各项基础建设工程的设计不仅面对着自然条件、地形、水文地质的影响等，还要面临任务繁重这一现实，而一项工程的设计在满足规范的前提下，还需根据实际的情况来制定不同的设计对策，同时满足使用功能、环境保护等多方面的需求。

相对于业主方的决策层，工程设计的优劣更多地取决于基层设计人员的综合能力。作为工程的"源头"，设计方直接决定"四新技术"在公路建设和设计过程中的应用与否。玉楚高速前期建设过程中，因设计在"滇中红层"上的保守位置，提高为二期工程设计警示的同时，也对设计单位的综合业务能力提出了更高的要求。

设计者应以解决以往工程建设过程中所存在的一系列通病和问题为重点，以"控制概算，优化设计"为原则，从源头出发，采用预防和治理相结合的方式进行，同时有效地借助新设备、新材料以及新能源等来实现工程设计质量的提升。

（三）四新技术与工程监理

任何公路工程的建设都离不开规范化的工程监理工作，作为项目业主的"代言人"，建设方各项工作的推进都需要监理人员进行监督执行，而这同样适用于"四新技术"的应用推广。监理人员应首先领会项目业主的意图，掌握各项"新技术"的使用方法及功能，将四新技术的应用优势作为创造业主"盈利点"的出发点，在工程建设过程中做好业主方的参谋，对施工方进行监督。

但在实际的监督管理过程中，受限于当前环境下监理人员的资源配置及管理水平，业主的要求未能全部有效执行，甚至会阻碍施工方的创新措施，那么建立一套完整的奖罚制度及一条畅通的沟通渠道尤为重要。制度是为了落实，渠道则是为了鼓励创新。玉楚高速

B7 工区真空压浆罩及水洗凿毛工艺在全线的应用则正是通过监理人员的宣传得以推广。

（四）四新技术与工程施工

作为一项工程的实际建设者，施工方是各项"四新技术"的落实者，也是"新"的创新者，如何真正地让各项技术落地，发挥一线员工的创新能力，是每个建设管理人员均在思考的问题。

如果说项目业主还需兼顾社会效益，那么施工方则更多地站在经济效益的立场上，新技术应用带来的风险也会在第一时间反馈到现场。诸如试验段前期曾试用的隧道新型逃生管道，因其昂贵的成本及不便的运输而未被推广；而小导管数控加工设备因大大提高了工作效率及施工质量，在试用一周后即得到全线推广等实例充分说明施工现场是各项成果的鉴定场所，也说明了适合的"四新技术"才是应用及推广的关键。在技术创新上，试验段通过制定 QC 管理办法、科研管理办法，将优化设计纳入项目考核，开展"微创新"等，从文件及制度上明确要求，使得既定的各项"四新技术"得到有效执行，取得了良好的效益。

四、"四新技术"的前景展望

玉楚高速公路以打造交通运输部"品质工程"为目标，以建设"绿色公路"为理念，各项新兴技术也将会不断地运用到工程的建设过程中去，而作为公路建设者更应该主动地去学习、采纳、创新、推广各项"四新技术"，发扬"工匠精神"，建设高品质公路。

从当前公路建设的发展现状能够看出，规范化的四新技术往往能够显著提升公路工程的设计及施工质量，同时也能有效降低公路工程后期建设的问题和通病。

综上所述，"四新技术"只有从建设方重视到设计方研究，监理方监督再到施工方的逐项落实及创新，才能在公路工程建设过程中逐渐的得以应用及发展，也为提出创建"品质工程"这一目标提供保障。

第二节　新工艺在公路工程施工中的应用

随着社会的进步，对于人类家园的建设已经是现代人最关注的点。从中华人民共和国成立以来，要想富，先修路的思想已经深入人心，因此现代人对于公路的建设施工，有了更高的要求和目标。社会的不断发展提高了人们的生活水平，也促进国家在公路建设方面的进步。本节主要探究的是公路施工中涉及的新技术新工艺的发展与应用。

随着我国人民生产总值的不断飙升，人民的生活水平也有了质的飞跃，在经济基础有了一定的提升以后，人们对于自身的"上层建筑"有了更高的要求。正是在这样的大背景下，人民对于汽车的需求量急剧上升，这就导致国家对于公路的开发建设量提升，对于交通管制问题也增大了关注度。随着车流量大增，同时受到地质以及气候等环境影响，导致对于公路的建设要求更高，也就激发更高效地施工技术，这也推动了技术的革新。

一、公路施工中的新技术新工艺

（一）泡沫沥青冷再生技术

所谓的泡沫沥青冷再生技术区别于制造传统的热沥青，不需要加热集料和烘干集料步骤，也就是说，在实现泡沫沥青之前，需要将常温水注入热沥青中，能够使整个热沥青发热膨胀起来，并产生大量泡沫，最终破裂。破裂之后泡沫沥青会变成小颗粒，在接触集料之后，最终进入集料的缝隙，也就是说集料将成为伴有沥青填缝的，稳定性极强的细料填缝料。它常常被用作增加厚度的材料，被用于沥青下面层或是路面基层。对于泡沫沥青冷再生技术的使用，最重要的一点就是将再生混合料合理配比，如果出现配比不合适，很难实现填缝的作用，这就导致技术失去实用意义，对于技术使用的实际意义而言，可以很好地节约能源，节能环保，并且可以优化路面材料，能够实现资源的再生利用。

（二）喷锚技术

喷锚技术是指在给路堑边坡的时候进行爆破，能够很好地保证稳定性的一项技术，这是一项保护技术，对于路面施工有很好的保护意义。在这项技术中，最为重要的就是支护喷锚网，在高坡上进行施工时，能够防止岩石层结构发生形变，导致整个路面崎岖，很好地提高高坡稳定性。具体实施过程是需要一系列技术相互支撑共同实现。

（三）共振碎石化技术

共振碎石化技术在公路施工中属于一项新技术，能够很好地保证在短时间内、低成本地进行施工，这项技术可以很好地修复混凝土路，防止在路面投入使用时由于受力不均而出现形变。共振碎石化技术可以使整个施工进程提升，高效快速地进行作业，能够很好地保证路面排水功能。对于公路上出现的反射裂纹现象，传统的技术是很难消除的，然而共振碎石化技术就是可以很好地消除这种现象，这样就可以降低对路面的损伤。

二、新技术新工艺在施工中的具体应用

（一）在路基施工中的应用

路基填压施工的要求极高，所以需要达到标准要求方可进行下一步的施工。掺合粗粒料、石灰等材料是在路基填压施工过程中没有达到标准要求时进行的拯救措施，同时，使用土工合成材料加固、轻质路堤、灰土挤密桩等新技术可以有效地压实路基，传统的方式是利用吨位比较大的压路机进行施工，只有将路基压实，才能够使路面受力均匀，防止当路面投入使用后出现不平的现象。对于软土地路面的建设工序是先进行铺土，其次再对路堤进行修建。利用先进的措施对软土层进行上层的建造，既做到路面的稳固，又能够保障

排水正常，通常使用土工织物来实现稳固的目标。

（二）在路面施工中的应用

就我国现在的路面使用情况来看，主要使用的是沥青路面和水泥混凝土路面，但是在稳固性能、施工技术以及装备水平上水泥混凝土路面还是比不过沥青路面。在面板的密度、材料的匀质性上，水泥混凝土路面都很难达到标准目标，由于水泥混凝土路面是使用人工，所以对于施工项目所要求的一些细节或是精度问题就很难解决，这样一来，水泥混凝土路面就很容易被破坏，且不够稳固。但是使用滑模施工技术就能够很好地改善水泥混凝土路面不够稳固的缺点。

（三）在路面维护中的应用

当公路出现大面积损害的情况时，需要对公路路面进行大面积的修复，只有利用新技术新方式，修复工作才能够很好地实现。详细介绍新技术使用的工序：①需要将铁皮和钉子固定在洒布粘层沥青的下层结构上，这样是为了更好地铺设玻璃纤维土工格栅，最后将格栅向纵向方向拉紧并实现分段固定；②要实现 10cm ~ 15cm 的横向搭接距离以及10cm ~ 20cm 的纵向搭接距离；③禁止使用锤子敲击玻璃，同时不能够在玻璃纤维上钉钉子，如果出现钉子断裂的情况需要重新固定而不是继续工作；④利用胶轮压路机在固定工作完成后进行碾压，这样一来，工格栅就可以和原路面结合；⑤需要在当天进行沥青混凝土的铺设同时使用压路机将其碾压以形成要求的形式。

三、做好公路施工新技术新工艺的控制管理工作

旁站、抽检、测量是对公路施工新技术新工艺最直接的控制管理方式。对于旁站工作的理解，就是对施工的所有进行全方位的监测与管理，能够很好地控制施工现场的一切，不论是设备装置还是施工进程，都应该做到有序地监控，这样一来，整个公路施工新技术的管理工作就有了很好的基础。再有就是抽检，需要各个岗位的工作人员对每一个细节进行仔细认真地检查，并且及时向有关部门汇报检查情况，出现问题要及时提出。最后就是测量，所谓的测量就是用专业的技术对整个施工工序进行检测保障，是控制管理工作的核心，需要检查的内容包括施工的尺寸以及道路相关线性的尺寸。只有按照要求进行以上三步，才能够很好地保证施工的安全性和可操作性。防止故障出现的最好方式就是防患于未然，能够做好管理工作，监管施工的每一个细节，这样，就可以很好地降低施工时出现意外的概率。

总而言之，对于公路的建设随着新技术、新工艺的不断革新，建设的水平也出现了极大程度地改善，在当今现代技术飞速发展的大环境中，我国对于公路建设投入的努力需要更多的技术支持，也就是说，好的技术给整个社会带来的不仅是好的公路，还带来了极大的经济效益，是两全其美的一种办法。

第三节　新技术新材料在公路工程施工中的应用

科技的发展为公路工程施工工作带来诸多新兴技术与新材料，提高了公路建造质量与使用性能。新技术新材料的出现，改变了传统的施工方式，使实际工作减少了人力物力资源的同时，还提高了公路使用年限。新技术新材料的到来为公路工程施工带来机遇的同时，也带来了许多挑战，要想更高效的利用新技术新材料，就要从实际情况出发，寻找更为完善、科学的适用施工方法，严格把控施工过程的各个环节，保证新技术新材料的高质量使用。本节对公路施工的新技术、新工艺进行简要概述，对公路新材料的发展详细描绘，并提出公路施工新技术在使用中的注意事项。

随着我国市场经济的高速增长，城市现代化建设也得到相应的发展，其中公路建设作为联通城市之间的基本渠道，应得到更为高质的发展。公路建设的速度与质量直接关乎与城市之间的物质流动，资金流通和人文方面的交流是否顺利。社会经济活动的活跃，使城市之间交流更加频繁，人流物流不断增多，社会发展景象十分可观的同时，也对通行的基础设施-道路，提出了更高的要求。道路施工工作较为复杂，需要动用大量的人力物力，一项工程经常要持续数十月之久，资金消耗巨大。传统工艺技术存在用时长，质量无法实时监控等缺陷，因此在新时代条件下，我们必须创造新方法，运用新理念，掌握新技术，进而在保证道路建设质量的基础上，进一步提高施工效率，为加快推进社会主义现代化建设奠定基础。

一、公路施工中的新技术新工艺

（一）喷锚技术

在道路的施工过程中，有时需要进行爆破作业，而当爆破技术使用不当时，路堑边坡的稳定性将会受到一定的影响。而新兴的喷锚技术就可以有效地防止此现象的出现。支护喷锚网是喷锚技术的核心所在，不仅能够提高边坡的岩土抗形变能力和结构强度，而且能够提高边坡的稳定性。喷锚网的施工过程是搭设脚手架，修整边坡，钻孔，灌浆，以及张拉后进行二次灌浆，挂网，到最后的喷射混凝土环节。

（二）共振碎石化技术

共振碎石化技术是针对水泥混凝土的修复工作而进行的，作为一项新技术，其对路面的均匀受力与整体性能能够有较大的提升。共振碎石化技术拥有以下几个特点：共振碎石化技术的施工效率较高，原材料利用率高且成本低廉，具有良好的排水性。共振碎石化技术对路面损伤较小，能够从根本上改善公路的反射裂纹现象且并不需要反复的进行修复。

（三）路缘石滑模施工技术

路缘石是设在路面与其他构造物之间的标识，一般用于分隔带与路面之间、人行道与路面之间。在路缘石的施工中使用滑模施工技术，也就是通过使用路缘石滑模摊铺机提升工作效率，同时也能够节省材料的使用，其最重要的优点就是让操作面线形的流畅性可以得到保证。

二、道路工程中新材料的发现

（一）SEMA 的发现及其应用

SEMA 是一种新型的沥青混合改性剂，主要通过在硫黄中加入增塑剂制成的半球形状的颗粒物与烟雾抑制剂，SEMA 主要成分为硫黄。SEMA 是通过对石油炼制的副产品进行处理而得到的，经济方便且较易得到。SEMA 材料可以加入到沥青拌料的过程中，从而对沥青混合料达到改性的目的，进而提高混合料的道路使用性能。SEMA 材料的性能：通过一系列的研究显示，加入 SEMA 的混合料的稳定度要远大于基质混合料，虽然加入 SEMA 的混合料稳定性相对优良，但是其残留稳定度较低，与相关技术标准、施工规范有着一定的差距，因此，在对 SEMA 的使用时，可通过在其中添加抗剥落剂，从而提高其抗水损害性能。由于 SEMA 材料的获取较方便，且使用了 SEMA 的混合拌料的碾压和拌和温度都要低于普通沥青混合料，由于以上特性，SEMA 的使用对于减少能源的消耗具有重大意义，且 SEMA 的混合料的高温抗车辙性能优良，为提高路面的使用提出了新的解决途径。结合以上优点，使用 SEMA 新材料作为路面材料将会有宽广的使用前景。

（二）SMA 在道路工程中的应用

SMA 指的是沥青马蹄脂碎石混合料，其主要是由沥青，纤维稳定剂，沥青马蹄脂填充间断级配的粗料骨架空隙而组成的沥青混合料，此混合料具有优良的抗车辙性能与抗滑性能。具有以下特性：其一，稳定性高。SMA 中主要是中粗集料，其混合料中由于中粗集料之间的接触面多并具有良好的嵌挤作用，所以 SMA 混合料在高温中具有良好的稳定性。其二，水稳性好。由于 SMA 混合料中空隙率较低，使得其几乎不透水，再加上集料与马蹄脂的粘结力相对较好，能够极大地改善其水稳性。其三，低温防裂性，SMA 混合料中填充了大量的沥青马蹄脂，在温度降低时，由于马蹄脂有较好的粘结作用，所以在低温收缩时混合料具有较好的低温形变性能。其四，表面独特性。SMA 混合料使用的是坚硬、粗糙且耐磨的高质量碎石，还采用了间断级的矿料，压实后表面形成的构造深度较大，这使得沥青面层能够有效地减少溅水和噪声，进而提高道路质量。SMA 材料在国外的发展及应用。国外对于 SMA 新型材料发现较早，在 30 多年前就开始使用，由于夏天相对炎热，地表温度较高，从而导致许多密级配沥青路面都出现了不同程度的变形，而使用 SMA 材料进行铺设的路面几乎没有发生以上情况。由此，在大多数欧洲国家开始把 SMA 材料使用在承受重交通荷载以及高压轮胎压力的机场道面与道路。

（三）特立尼达湖沥青的应用

特立尼达湖沥青（Trinidad Lake Asphalt，简称 TLA）。TLA 是一种天然形成的物质，其本身是沥青而不是合成添加剂，但可以作为沥青改性剂来添加到石油沥青之中，添加了 TLA 改性的混合沥青具有温度稳定性好、抗老化性能强、抗水害性能好等一系列特点，可以使混合后的沥青使用性能方面得到改善，且 TLA 改性之后的沥青十分稳定，极大地方便了生产、储存和使用。在工程实践中表明，使用了 TLA 的改性沥青因为其优良的路用性能能够很大程度上预防了沥青路面的病害出现，结合 TLA 的各种优点，可以看出其应用场景将会更加的广阔。

三、做好公路施工新技术新工艺的控制管理工作

为了能够有效地确保施工过程中的施工质量，提高公路的使用安全，并促进新技术与新工艺在公路施工中得到更好的发现，就必须做好公路施工新技术和工艺的控制管理工作。主要可通过旁站，抽检与测量等方式进行检测。第一是旁站工作主要是对机械设备，施工材料的配比，施工方法等各个施工环节进行检查和监督。第二是检查工作，在施工过程中，质检人员应对施工过程中的每一个环节都要进行严格检查，当出现质量不过关的项目必须进行返工处理，所有流程都要在监理工程师确认合格之后才能进行下一步施工。第三是测量工作，测量是整个控制管理工作的关键一环，能够对新工艺的实施提供保障，其工作内容主要是对工程中尺寸数据是否正确进行检查。

综上所述，要想加强道路工程的耐久性、坚固性，保证道桥搭建的合理性，降低维修次数，避免因道路设计本身而造成的交通事故，就要合理利用新技术、新手段，保证道路施工工作的顺利进行。公路建设的速度与质量直接关乎城市之间的物质流动，资金流通和人文方面的交流是否顺利，要想更高效地利用新技术，就要从实际情况出发，寻找更为完善、科学的适用施工方法，利用、喷锚技术、共振碎石化技术、路沿石滑模技术、SEMA 新技术、SMA 新型技术、TLA 新技术等，做好公路建设施工工作，为社会主义现代化提供稳定的交通基础。

第四节　新材料新技术在公路安保工程中的应用

新技术、新材料的不断涌现，只有在不断创新中把新材料新技术应用至实际的公路安保工程的施工中，才能促进我国公路安保工程的进一步发展。

一、新材料的应用

（一）高性能混凝土施工材料的应用

在实际的公路安保工程的建设过程中，为了将施工处置效果进行优化，融入高性能混凝土新材料成了强化工程建设水平必不可少的材料。为了在拌合时期合理的掺入矿物、细集料、水泥材料、外加剂到搅拌机内，需要使用后掺外加剂的手段，相应的加入标准的水量，帮助砂浆得到充分的搅拌，保证其均匀性。随后也需要融入外加剂、凝胶材料、水分，并且进行匀称的搅拌。在搅拌环节要保证在 30s 以上，整体的搅拌时间也需要超过 2min，但是要小于 3min。在该种处置方式的基础上，在一定程度上能够提升公路安保工程的建设效果且强化外加剂的利用率。另一方面，也能够应用净浆裹石高性能混凝土材料的手段，按照相关比例的胶凝材料、水胶比展开掺制拌合，加入石子进行搅拌，构建净浆。同时加入砂子，融入一定的胶凝料、常态水胶比进行再次拌合。第一次拌合需要处于砂石料首层上，由此形成较低的水胶比，构成优良的水泥浆保护裹层。针对二次拌合处置时期而言，形成混凝土过渡层，进一步减小孔隙率，帮助其不形成取向属性，强化公路安保工程高性能混凝土施工的实践能力。

（二）玻纤土工格栅新材料的应用

在公路安保工程相应的路基施工、沥青路面、维修养护时期上，都需要融入玻纤土格栅新材料，强化工程建设的整体质量。在新材料的基础上，能够对沥青路面反射裂缝的情况进行处理，能够对传统的土工织物材料进行优良的替代，和沥青路面施工建设要求相符合。在强刚度效能、大模量的前提下，能够处于沥青罩面内把其当作硬夹层，保证其抵御力，从而进一步得到释放，强化铺层抗拉、抗剪能力，达到避免裂缝出现的目的。在路基施工时期，玻纤土工格栅新材料的使用能够强化基层强力，标准加固处置的优良性，提高剪应力，促进垂直向应力、土体水平的降低，确保抗剪强度的完善性，强化路基整体承载力、抗震性，提高土体处理裂缝、变形的效力，避免沉降不均匀情况的出现。

（三）间断级配橡胶沥青混合料施工应用

间断级配橡胶沥青混合料本身就包含较强的弹性、粘性，尤其是在抗氧化性、抗变性能上。该材料具有较高的软化点，再加之其有较为适宜的油模层厚度，防止析漏、泛油情况的出现，在一定程度上强化了公路安保工程路面的耐久性，抵御疲劳裂缝、反射的效力也随之增强。鉴于此，在实际公路安保工程的建设过程中，该材料能够被大力的使用，最大化地发挥其应用价值。一般需要遭高温标准下进行混合料拌合工作，避免由于沥青构成焦化情况的出现，在严格掌握温度水平的基础上，强化混合控制的质量。

二、新技术的应用

（一）创新施工工艺技术的应用

在公路安保工程中新技术，将潜孔钻机装置进行稳固的安置，有利于锚杆孔方位放出的准确性，脚手架搭设的合理性。在相关先进设备的基础上，展开对钻机导向架倾斜情况的测定工作。一旦在钻进施工时期中出现塌孔情况，这就需要中断钻进工作，对注浆固壁进行优化，在完成注浆之后，还需等待 36h，才可以继续展开钻进扫孔工作。融入回转钻进模式，在有效应用泥浆的条件下，展开相关的护孔工作。在钻孔与设计标准相符合之后，要保证超钻出 40cm 左右，接着使用高压风系统清除孔道内的残余物。

与此同时，在该施工处置时期，锚杆钻孔需要和实际倾斜度、长度、孔径标准相符，将创新钻孔手段与强化操作精度有机地结合在一起，以便之后的杆体插入、注浆工作顺利进行。

（二）优化锚杆制作与锚固注浆技术的应用

在具体的公路安保工程制作锚杆的时期中，需要按照标准长度，展开棒式锚杆的钢筋切割工作，把外露侧加工为螺纹，便于之后对螺母的放置。接着在离杆体 2m 左右位置设计相关的隔离件，保证杆体位于孔内的居中位置。

与此同时，还需要对杆体进行防腐处理。尤其是在多股钢绞线锚杆锚索处理时期中，进行防护操作。在锚固注浆施工时期，确保注浆技术的优良性，在灌注中融入水泥浆、砂浆，在相关设计规范的基础上，对选用的施工材料进行优化。切记在实际的注浆操作时期中，需要保证连续的紧密性，保证注浆管能够深入至浆液面之下 70cm 左右的位置，达到规范安装、科学标定的目标。

综上所述，公路安保工程作为一门系统的工程，本节主要简析在公路安保工程的施工建设中，新材料、新技术的应用，目的是为了更有效地维护公路安保工程施工建设工作的高效性。

第五节　新材料在节能经济型公路工程建设中的应用

随着绿色经济理念不断深入，应用具有节能经济效果的新材料也逐渐成为现代公路工程建设的主流。本节首先阐述了节能经济型公路工程建设的概念，其次重点探讨了有机硅预养护材料、降噪乳化沥青材料和高弹改性 SMA-13 混合材料在节能经济型公路工程建设中的应用，最后从优化施工工艺和提升技术人员经济节能素养两方面提出了节能经济型公路工程建设中应用新材料的建议。

一、节能经济型公路工程建设概述

节能经济型公路工程建设，是近年来涌现出的一种新型的公路工程建设理念，其内涵为：运用节能经济的思路从材料选购应用、项目施工建设、后期验收评估等方面，对公路工程项目进行全过程化的建设运维，在确保建设质量的基础上，尽可能地提升公路工程建设项目的节能效应和经济型价值。换句话说，节能经济型公路工程体现了低碳经济和绿色节能的特征，能够有效降低公路工程建设施工单位的支出成本，提升建设产出的经济节能效益，在绿色经济建设理念不断深入人心的今天，逐渐得到公路工程建设施工单位的青睐。基于此，从新材料应用的角度探究公路工程节能经济型建设的现状，并提出一些优化发展的建议且具有十分现实的意义。

二、新材料在公路工程节能经济型建设中的应用分析

（一）有机硅预养护材料的应用

有机硅预养护材料是一种新型的绿色材料，它采用高分子合成技术将有机硅与其他防水防火性能优异的化学材料合成在一起，制造出无污染且无刺激性的新型高效防水和防火材料。它的特点为：应用在道路表面后，可形成一层透明无色且能抗紫外线的透气薄膜，当有雨水或火焰与薄膜接触时，能够被阻隔在薄膜表层，从而防止水分和热量侵入道路内部，起到防潮、防水、防霉和防火的作用。由于有机硅预养护材料的制造应用了高分子技术，因此它的制造成本相对低廉，对于公路工程建设单位有效控制设计建造成本，构建节能经济型项目体系有着重要的意义。值得注意的是：有机硅预养护材料具有很强的憎水效应，一般来说，它的设计密度应控制在 +0.02，透水压力比应＞300%，48h 吸水量比应＜65%，28d 抗压强度比应＞90%，因此在施工过程中需要技术人员根据施工现场环境，通过精确计算科学确定材料与水之间的渗透系数，以确保其在工程项目中的粘度、表面张力及综合质量效果。

（二）降噪乳化沥青材料的应用

降噪乳化沥青材料是在传统乳化沥青材料基础上，通过技术改良研发的一种新型公路工程建设材料。传统乳化沥青材料是一种集成石油沥青、乳化剂、稳定剂等化学材料的工程建设辅料，主要作用于公路防水粘结层，具有很好的粘连性，但也存在降噪性较差的弊端，会增加道路上行驶车辆的噪音，为在保证材料粘连性的基础上进一步提升降噪性能，技术人员通过提升传统乳化沥青材料中混合料粗细均匀分布的密度，研发出抗噪性能更为优良的降噪乳化沥青材料。具体的研发应用技术十分多元，如：在传统乳化沥青材料中添加适量的橡胶粉或矿物纤维，以提升乳化沥青稀浆浓度的适用特性，为新型材料引入降噪的效果。或将传统乳化沥青的性能改良为改性沥青，并通过一对一微表面处理技术，研制

成降噪乳化沥青。值得一提的是：通过上述改良工艺制成的降噪乳化沥青材料相较于其他单独研发的降噪材料而言，体现出了更为优良的经济节能价值，不仅降低了施工单位的建造投入成本，还达到有效降低车辆行驶噪声的效果。

（三）S MA-13 混合材料的应用

传统的 SMA（沥青玛蹄脂碎石混合料）是一种沥青混合材料，主要由沥青、矿粉、纤维稳定剂和细集料按照一定的比例混合而成，具有较强的温度稳定性和防水特性，且兼具良好的耐久性和表面延伸性能，如：抗滑、抗噪音、平整度高等，被广泛应用在现代公路工程建设中。但传统 SMA 材料也存在抗疲劳性、抗流动性差等弊端，且抗车辙稳定度也不够优秀，在低温状态下弯曲变形能力也有待提升。近年来技术人员试验研发了 SMA-13 混合材料，该材料采用全新的双层高弹改性工艺，将 SMA-13 与硅砂、溶剂型黏结层和涂膜类防水层按照一定比例融合起来，所有融合材料均选用绿色环保原材料，且成本不高，具有很好的节能经济特性，相较于传统 SMA 材料具有更好的变形顺从、抗疲劳、抗流动性性能，并具有更坚韧的抗车辙稳定度，在低温条件下的弯曲变形能力也更优秀，目前国内很多公路工程，如：杭州秋实高架道路工程、港珠澳大桥道路工程等都应用了该材料。

三、节能经济型公路工程建设中应用新材料的建议

随着绿色节能技术的不断发展，必将会有更多的节能经济型材料被研发出来并应用在公路工程项目建设中。在未来的发展中，为确保新材料在公路工程项目建设中发挥出最优的节能经济效益，建议各级建设单位做好以下几方面工作：首先，不断优化新材料施工工艺。新型采用的研发制造大多基于先进的工艺，因此在施工中也需要建设单位技术人员不断优化施工工艺，才能够充分发挥出新材料的节能经济效益，具体来说各级建设单位应定期组织相关的专业培训，使技术人员通过培训掌握新材料施工工艺，并在施工建设中应用并推广新工艺。其次，提升技术人员经济节能素养。各级建设单位应定期对公路项目建设技术人员进行关于经济节能方面的理论和实践培训，通过培训帮助技术人员建立并逐步夯实经济节能意识。

总而言之，节能经济型公路工程项目的建设和维护离不开绿色新材料的辅助作用，希望各级公路工程单位在项目建设中尝试应用更多更好的绿色节能材料，在确保工程质量的基础上打造节能经济型项目，为建设节能经济型社会做贡献。

第七章　公路工程科学化施工管理

第一节　公路工程施工监理研究

工程监理制度是公路工程建设中一项科学、有效的管理措施，它保证了工程建设的法制化、规范化和程序化。目前的公路建设市场庞大，监理队伍中存在鱼目混珠、不规范监理等现象，个别监理工作者素质不高、业务不精，监理队伍与目前建设市场不适应。

一、严格审图

工程设计图是工程施工的依据，也是监理的法定文件。设计图不可避免会出现一些疏漏或问题，认真进行图纸审阅，尽量减少设计失误，使图纸中的问题及疑难之处在设计技术交底中协商解决，从而有利于控制投资、进度和质量。审阅图纸的步骤应先进行粗略的初审，对工程的轮廓和难易程度有大致了解，然后从总平面图起详细审查。

二、编制监理细则与监理交底

监理细则是在监理投标文件的基础上，根据已签订的监理委托合同所确定的工作范围，在经过严格审查设计图纸后，完全了解本工程情况和特点而编制的监理工作实施计划，它是使监理工作得以实现科学化、规范化、标准化的具体操作的指导文件。监理细则的内容一般分总则和实施细则两部分。总则主要叙述本工程概况，监理的依据和要求标准，监理的内容、方法和目标，工程变更的程序，参加本工程监理的人员状况及监理职责，监理的工作会议安排等。细则部分是结合本工程内容、特点而撰写的各道工序在施工中监理的具体要求；叙述各工序的监理流程，原材料、成品、半成品的监理检查要求，监理对工程竣工资料和质量保证资料的核查要求，监理对工程的安全生产、文明施工方面的检查内容和要求，监理计量签证的方法步骤，缺陷责任期间的监理检查方法等。

三、审查施工组织设计

施工组织设计是施工单位根据施工合同和设计文件、设计技术交底及施工现场情况，按照有关施工技术规范、质量要求标准，安全生产规定等要求而编写的科学的施工综合性指导文件。

监理对施工组织设计的主要审查有下面几项：

（1）施工进度计划是否符合施工合同要求，结合施工现场情况和拟提供的进场设备，进度计划是否切实可行，根据进度计划和施工网络图，各分项进度是否充分考虑气候等外界自然因素，如雨季、潮汛、冬季低温、开放交通影响等。

（2）施工方案是否合理，如进、出场便道、便桥架设，深挖方支撑，大梁安装的吊装方案，连续箱梁吊篮施工的平衡问题等。

（3）施工管理体系和质量保证体系是否严密有序，因为足够的施工技术管理力量和质保网络是有效地完成工程和确保工程质量的主体，监理在审查人员设置的同时，要注重其管理体制和管理方法，如明确的职责、任务、权限，有无开展质量保证活动的具体要求等。

（4）安全生产、文明施工措施。有无施工机具设备定期检修制度，有无安全生产管理制度，包括水上作业、高空作业、特殊工种的特殊要求。

四、工序质量监控

工序质量监控分 3 个阶段。第 1 阶段是施工前的预控。监理工程须复核施工放样，检查原材料，检查施工设备、施工方案中有无防止发生质量通病的措施等。以砼道路施工为例，监理工程师应检查放样数据，检查空仓内有无不合规定标高的部位，检查水泥、黄沙、碎石是否符合规定要求，拌和、运送、浇筑砼的设备是否齐全、完好，控制平整度的措施，胀缝设置方法，下雨的对策等。第 2 阶段是过程控制，主要是现场跟踪旁站监理，检查是否按施工技术操作规范实施，发现问题，随时进行纠正处理。仍以砼道路施工为例，监理检查砼搅拌机的进料是否按规定配合比和水灰比，砼振捣、真空吸水、磨平是否符合要求，建筑缝、胀缝施工是否正确，砼试块是否按规定制作，表面刻纹是否达到规定要求以及养生措施等。第 3 阶段是事后检查签认。

五、施工档案资料检查

施工档案资料是施工阶段收集汇总的各类文、录、表、单、图等，这些资料是施工建设活动的真实记录，是全面鉴定工程质量和工程使用、维修的重要依据。施工阶段是档案资料形成、积累的关键阶段。

公路工程的施工档案资料由竣工技术档案资料和竣工工程质量保证资料两部分组成，资料的完成应与工程进展同步。监理工程师经常检查施工单位收集、记录的资料，对工程质量的真实可靠性起到关键的保证作用。监理工程师自身应按规定及时完成各类监理资料，在每次检查施工单位资料时进行核对，以便发现错误并及时处理，不致影响工程的质量和进度。

六、安全监控

安全生产是确保工程建设的重要因素，控制投资、质量、进度的前提是控制安全。公路工程施工中，现场条件差，露天作业，人、机交叉施工，难度大、不安全因素多，安全监理就更显重要。安全监理是指对工程中的人、机、环境及施工全过程进行预测、评价、监控和督察，通过行政、技术等手段，促使其建设行为符合规范、标准，制止冒险性、盲目性、随意性，以预防为主，有效地控制工程安全。

施工现场的各项安全工作应由施工单位负责，监理工程师的主要工作有以下几个方面：

（1）检查施工单位安全管理状况。检查安全生产管理制度，包括管理网络，生产责任制，三级教育制度，施工组织设计中制订的安全生产措施，专项安全施工方案，安全技术交底制度，安全自查记录，以及检查现场各种施工安全标志。

（2）检查现场施工机具。检查起重吊装设备，各种机具是否符合相应的安全技术规范和标准，运行是否正常、有无无证操作等。

（3）检查施工用电安全状况。检查与高压线的有效距离、检查支线架设、现场照明设施、接地接零、漏电保护和地下管线保护等。

（4）检查高空、水上和沟槽作业的安全状况。检查脚手架、临边保护、安全带、安全网、水上救生设施、沟槽两侧支撑以及安全护栏等。

监理工作只有做到严格监理、监帮结合、秉公执法、妥善协调，注重事前监控，不当事后裁判，就一定能够使工程投资合理，工期得到保证，避免质量和安全事故，保证工程圆满竣工。

第二节　施工企业安全管理现状分析及改进建议

铁路、公路等施工企业安全管理一般采用立制度、抓管理、重教育、保经费等一系列措施，使人的不安全行为和物的不安全状态得到消除，确保施工过程中不出现安全事故，实现工程经济和安全效益目标。但我国施工企业安全生产管理层次多样、管理内容繁多、人员构成复杂，很多施工企业面临很想抓安全，又无从下手的窘境。

施工企业作为生产经营单位，是一个复杂的人—机—环境系统，由从业人员、机械设备、作业环境等元素组成，各个元素和影响因子共同构成一个有机整体。施工企业的安全管理应围绕这几个环节从安全生产条件、安全生产责任、安全监督检查、安全经费使用、安全人员管理、评价与考核制度、事故与应急管理、重大危险源管理制度、安全档案管理制度等入手。安全管理部门负责制定并执行相关制度文件。

目前我国施工企业大部分按照4个层次进行管理，即公司总部为经营决策层，分公司为执行层，项目经理部为施工管理层，劳务队伍为施工作业层。总公司与分公司、分公司与项目经理部之间责、权、利关系界定不清，"以包代管""以奖代管"和"包盈不包亏"的现象普遍。

由于目前施工企业经营体制的改革，管理层和经营层分离、总分包制度渐行，导致管理层次增多。我国施工企业大致有集团公司直管项目、子分公司直管项目、三级公司直管项目、集团公司与子分公司合管项目、公司与外部协作管理项目5种基本管理模式，各种模式都具有一定的优势和劣势。

目前，大多数施工企业的项目安全管理是层次管理，分为总公司级别、分公司级别和项目部级别，各级别都配备专职安全管理人员。但现实中，各级别都存在安全管理人员由于管理职位较其他人员的等同或较低。

劳务队伍作为施工作业层，是安全管理的主要对象。目前，劳务队伍中的施工人员多为刚放下农具的农民工，学历较低、专业技能较低、从业经验不足、安全意识淡薄。某些劳务公司与项目所在总公司有千丝万缕的联系，因此分公司级别管理较为困难。按国家规定，施工现场一般都配有安全员，但现场的安全员多为技术职称较低的员工，或录用的应届毕业生，他们精力或经验都十分有限，对现场安全问题不能及时辨识。

企业第一把手作为安全第一责任人，要充分认识安全生产的责任感和使命感，思想认识上做到警钟长鸣，并将安全责任逐层分解、逐级传递，切实将安全责任落实到每个环节、每个岗位，落实"一岗双责"，同时充分赋予专职安全管理人员的话语权和监督权。

项目要建立安全生产奖惩制度，根据各部门、各岗位安全职责建立考核制度，每年对各部门、岗位的安全职责的履职情况进行考核，奖优罚劣。对安全工作做出突出贡献的，在进行奖励的同时，同步考虑晋职、加薪等。

项目管理层需要对安全问题有充分认识和高度重视。因此，项目各级管理人员首先要熟悉工程安全知识。其次要对参与过项目的整体安全负责。第三，为保证管理者的安全管理知识能与时俱进，需参加公司或相关部门组织的安全生产教育培训。针对安全员的工作特点，建议对现场安全员管理采用"严格录用、垂直管理"的原则，对施工现场安全隐患检查采用"分级上报"的原则。即提高安全员学历层次、经验水平和知识构成。首先把了解工程建设专业知识列为录用安全员的基本条件；其次，安全管理部门工作人员的知识构成应包括工程建设相关专业和安全工程相关专业；第三，安全管理工作应由经验丰富的老员工带头。

为保证分公司和总公司安全管理部门能更好地了解施工现场的安全情况，及时掌握施工现场安全隐患，建议对施工现场安全管理员实施公司委派制，并由总公司安监部直接管理。安全员认真履行监督检查的职能，对重大隐患，项目如不整改或整改不彻底，可直接向公司汇报。

按规定，安全员需每日进行安全检查，并将检查结果记入安全日志。在保证安全员知识丰富、经验水平提高、责任心提升的前提下，为确保安全员检查的结果能及时上传至分公司或总公司，建议采用"分级上报"制度。即按照可能发生的事故类型、伤亡人数、经济损失、工期延误等，将安全隐患分为 4 个等级。四级安全隐患建议由施工队处理，三级安全隐患建议由项目经理部出面解决，二级安全隐患建议上报分公司安全管理部门，一级安全隐患建议及时通知总公司安全管理部门。

当前，我国安全生产形势依然十分严峻，党中央、国务院对安全生产高度重视，党和国家领导对当前安全生产多次做出批示和要求，提出牢固树立安全生产"红线"意识和"党政同责、一岗双责、齐抓共管"的总体要求。各施工企业应该从本身实际出发，强化安全生产主体责任意识，不断创新安全监管模式，并将安全责任逐级分解到项目现场各个环节、各个岗位和个人，确保本企业安全生产形势的持续稳定发展，以促进全国安全生产形势的根本好转。

第三节　信息化环境下公路档案管理研究

公路档案完整地记录了公路建设过程中涉及的文字、图表以及重要的声像内容等，同时公路档案也记录了我国公路建设进程的历史变化，具有一定的历史意义。除此之外，公路档案也是对建设道路进行有效保养与监督维修的重要依据。随着我国现代化进程的不断加快，公路档案的管理工作也逐渐顺应信息化时代的发展，全面实现公路档案的信息化管理，进一步强化了档案的收集与保存。

随着我国经济建设水平与科学技术建设水平的不断发展，相应的办公自动化与无纸化的管理方式也逐渐被应用于日常的管理工作中，并且在此发展的基础上，我国的档案管理工作也发生了相应的改变。公路档案管理的文件一般是以机读文件的形式存在，工作人员需要对这些文件提供大量的电脑储存空间，以将这些文件进行分类存放，并且工作人员可以根据文件管理信息的综合系统详细地去读取需要查阅的文件。然而在实际公路档案的管理工作中，工作人员采用的管理方法比较落后，在管理档案的时候还是比较重视纸质的档案，缺乏对档案进行信息化管理的意识。传统的纸质档案不便于保存，随着时间的推移纸质也会泛黄，不利于读取文件的重要信息。除此之外，档案管理人员的职业素质水平也不是很高，在工作中会存在不规范管理、流于形式等职业素质不高的现象。

公路档案的信息化管理是指建立公路档案的数据信息库，在一定程度上可以有效实现公路档案信息资源共享的目的，并且可以进一步提升工作人员的管理效率。通过利用现代化的信息化建设手段，实现科技手段与管理手段地来回转化。公路档案对于公路建设的发展而言，具有提供信息服务的作用，可以有效地推动公路建设进程的发展，同时公路建设工程也可以根据以往的建设档案进行相应的强化分析，不断完善公路建设的发展水平。档案的信息化管理可以很好地实现推动公路建设事业发展的目标，工作人员通过对档案进行信息化管理，有利于对档案资料实行收集、储存以及使用的工作，利用计算机可以增加公路档案的储存量，进一步拓宽档案工作的服务领域，实现强化公路建设发展水平的目标。因此，工作人员通过实现公路档案的信息化管理，从一定程度上来说，对提升公路建设的发展水平是具有非常重要的影响。

强化公路档案信息化管理意识。公路建设部门和相关的档案管理人员应该转换传统的管理理念，应该适当地迎合现代化的管理理念，加强对公路档案的信息化管理手段，为此相关的管理人员应该强化工作人员对公路档案信息化管理的意识。公路管理部门应该利用一切手段，宣传信息化档案管理的重要性以及必要性，可以开展相应的会议进一步强化档案管理人员的工作意识，强化管理人员对于信息化档案管理工作的重视程度。

强化公路档案信息库的建设水平。为了更好地强化公路档案信息化管理水平，工作人员必须对实现档案信息数字化的工作予以一定程度的重视。首先，工作人员应该摒弃传统纸质档案记录的管理方式，利用电子存档的方式保存公路建设档案。电子存档解决了纸张浪费的问题以及查阅麻烦的问题，有效提高了档案管理人员的工作效率。在利用电子存档管理方式的基础上，工作人员应该全面建设公路档案的信息库，满足档案信息资源的需求，可以对档案信息资源进行及时的补充与更新工作，进一步完善工作人员对公路档案的接收与整理工作。

强化公路档案的管理机制。在信息化档案管理的建设工作中，工作人员要注重档案管理机制的管理水平，应该及时完善并且严格遵守管理机制的规章制度，进一步提升信息化管理的可靠性与便利性。公路档案的管理部门可以在遵循《档案文件整理规则》的基础上，对其规章内容进行进一步的完善，做好提升公路档案管理机制水平的优化工作。除此之外，对于档案资料的接收工作、编目工作以及电子文档的录入工作等都应该进行严格的制定，可以适当地建立赏罚分明的工作制度，进一步强化公路档案管理机制的管理内容。

总而言之，我国公路建设对于档案管理的需求越来越严格，可以说实现公路档案全面信息化管理的工作已经成为当前公路建设工程首要开展的工作，为此工作人员应该及时强化档案信息化建设的工作力度，促使我国档案管理水平进入一个全新的管理阶段。

信息化时代的到来给档案管理工作提出更高的要求，同时也给档案管理工作带来发展机遇，档案管理在一定程度上决定着发展方向。尤其公路档案管理工作，在经济推动下，公路工程建设遍布全国各地，公路信息的复杂性和结构的复杂性，原有的档案管理工作已经无法满足工作需要。信息化环境下，公路档案管理必须进行创新，实现档案管理的信息化建设，从而提高公路档案管理工作效率和工作质量。

管理工作缺乏规划性。公路档案管理工作起步比较晚，所以缺乏相关工作经验，加上缺乏完善的管理制度，在实际操作中容易给工作增加难度。信息化环境下，档案信息利用率不高，在利用过程中也存在一定问题。由于缺乏管理，不同时期出现的不同类型档案信息兼容性不高，无法有效实现信息的良好衔接，从而造成重要数据信息的流失。

档案管理中缺乏系统的数据库信息。信息化时代的到来，要求实现信息化管理，在对数据信息搜集和管理中实现高效利用。但是从当前的管理状况看，信息利用程度不高，传递不及时，没有全面实现信息共享，传统的纸质档案资料转化为数字化资料不充分，造成数据库信息资料匮乏。当使用者对相关信息进行搜索时，很难找到自己需要的资料，这些问题的存在，一方面是因为硬件设施导致数据信息存储不及时，另一方面是因为档案资料收集和整理效率比较低，转化为数字化信息能力比较差，导致档案信息不够完善。

缺乏专业的管理人员。当前现有的档案管理人员对先进的档案管理技术缺乏了解，没有意识到档案信息实现信息化管理的重要性，档案管理专业能力相对匮乏。另外从事公路档案管理的工作人员流动性比较大，并且在选择档案管理人员时缺乏对专业性的考察，对档案管理工作不够重视，导致公路档案管理数据更新不及时，降低工作效率且阻碍档案管理信息化进程。

建立健全的公路档案管理制度。信息化时代下，公路档案管理工作必须顺应时代发展趋势，建立完善的管理制度并严格执行，从而提高公路档案管理工作效率，实现信息化建设。完善的档案管理制度应当包含管理流程和管理方式，同时确保制度严格实施，所以公路档案管理部门可以建立完善的管理机制，从而优化档案管理工作。信息化的到来推动档案管理管理工作实现数字化管理，对已经实现存档的档案信息加强重视，保证档案资料的安全、完整。档案制度中必须包含奖惩机制，主要是加强对工作人员的管理和监督，对档案管理工作中信息采集、整理、归档等行为进行规范，提高档案管理部门的形象。同时还要督促工作人员加强对管理制度的学习，对制度中存在的问题进行优化，从而实现良好管理，推动公路档案信息化管理的实现。

引进专业的档案管理人才。公路档案管理工作中缺乏专业的档案管理人员，导致管理工作效率不高，从而对整个公路建设工作带来一定影响。信息化环境下，公路档案实现信息化已经成为必然趋势，所以相关部门必须加强重视，引进专业的管理人员，提高管理效率。在选择公路档案管理工作人员时，加强对其专业性的考察。同时对现有的专业人员应当加强培训，在掌握传统的档案管理模式的基础上，加强对信息化管理的重视，并组织管理人员积极学习信息化技术，熟练掌握现代化档案管理设备。档案管理人员是提高工作效率的重要条件，所以必须加强对管理人员的培训和考察工作。

建立公路档案信息库。公路档案要想实现高效管理必须实现信息化建设，这要求必须针对管理特点进行数字化改革和建设，加强对原有的纸质档案的转化工作，并建立统一的公路档案信息库，实现对档案的集中管理。这一措施不仅有效解决了纸质档案储存空间问题，而且还能实现档案管理部门对数据信息的查找和利用，帮助使用者做出正确决策，提高档案利用率，实现档案资料的实效性。信息化环境下，需要档案管理部门充分利用计算机技术和网络技术，在保证档案信息的安全基础上，实现档案资源共享。建立公路档案信息库，有效拓宽信息获取渠道，完善档案管理工作方法和管理模式，提高工作效率。

在社会发展新时期，公路工程建设得到快速发展，为促进公路事业进一步发展，加强公路档案管理工作是必然选择。信息化环境下对公路档案管理工作提出新的挑战，实现档案管理信息化建设对公路工程规划和建设提供重要参考数据。公路档案管理工作起步比较晚，并长期不受重视，在新的发展阶段，必须认识到公路档案管理工作的重要性。针对档案管理工作中存在问题，进行综合分析，在不破坏档案资料完整性的基础上，规范档案管理流程，实现信息化管理，从而促进我国公路建设事业的快速发展。

第四节　虚拟动态管理方法在公路工程施工中的应用

公路工程施工涉及桥梁工程、道路工程、管网综合、绿化、照明、交安等多工种、多专业工程，协同、平行、立体交叉作业多，容易受各种因素的干扰，使得施工及项目管理具有复杂系统的特点。目前公路工程施工管理的科学化、信息化和规范化程度还不高，各种数据、信息基本是以图表、报表等纸质或二维软件作为媒介展现出来，这样就很难把施工项目的具体位置与实际的工程直观的联系起来。公路工程项目从最初的图纸设计、工程施工再到竣工验收、运行管理，每个环节都会牵扯到各种各样的数据，而对工程良好的管理需要各个管理层及时掌握和综合运用这些不断变化的数据，既能对公路工程的施工过程发挥重要作用，也能为正在发展的公路工程网络信息化管理打下良好的基础。

本节拟以石家庄石环辅道工程建设为研究对象，通过运用虚拟动态等管理技术进行研究，对工程施工工期、成本、质量、安全、环保等进行虚拟动态优化管理技术的综合系统研究，实现施工管理的科学化、信息化和规范化，从而有效地提升项目施工管理的效率、效益和水平。

公路工程施工虚拟动态管理技术是指将虚拟现实技术和全面动态优化管理技术方法集成应用，综合运用虚拟技术 VR（virtual Reality）、BP 神经网络、灰色关联理论，显著性理论 CS（Cost-significant）、已获价值理论 EVM、网络计划技术等虚拟优化技术对施工全过程进行计算机三维立体可视化虚拟动态施工管理。使项目的管理者能够对项目的进展情况进行可视化监控，及时对工程目标的完成情况进行总结，针对施工管理产生的问题提出解决对策并对下一阶段要进行的工作提出预控措施，如此循环往复从而大大提升公路工程施工管理效率和水平。具体模型建立过程为：

在工程施工前，依据工程施工中各个工序的特点，结合大量技术、管理方面的数据资料，建立施工中各工序静态优化管理系统。确定工期、成本、质量、安全和环保目标控制体系。由项目骨干力量，根据该工程的数据资料制定五控总目标和分目标体系。

工期的目标确定及优化主要是运用网络计划技术的计划阶段来对工期进行计划，计算出计划工期并找出关键线路。首先，确定工作计划中所涉及的全部工作，列出各个工作间的先后顺序和相互关系。其次，估计每项工作在正常情况下所需的时间。在缺乏企业施工定额，并拥有大量以往类似公路工程施工资料数据基础上，运用 BPNN 模型估算各工序的工作时间消耗；在拥有少量以往类似公路工程施工资料数据基础上，运用 GM（1，1）模型等非线性数学方法估算各工序的工作时间消耗。最后，依据工作间相互关系绘制网络图，并将计算出的各个工序时间与日历天数相结合，找出关键路线并确定工期目标。

运用"显著性成本 CS"思想（既占项目总造价 80% 左右的显著性成本项目在数量上仅占工程总数量的 20% 左右）和"均值理论"，优化确定工程成本目标。在各工序工期、成本目标优化确定基础上，确定整个项目工期、成本、质量、安全、环保总目标。

确定重点控制工序。通过对项目工期、成本目标的优化，可以确定出该项目的关键显著性工序，即关键路线上的项目和显著性项目，并以此作为整个项目工期成本控制的重点。关键显著性项目既可以保证项目工期的顺利实现又可以保证造价控制的准确性。

建立问题原因和对策数据资料库。在工程施工前由项目管理人员收集已完类似工程的工程数据，对其产生的问题原因和解决对策进行总结和归纳，建立相应的问题原因、对策数据资料库，为施工过程中快速准确地纠正偏差打下坚实的基础，当遇到新的问题时，管理者可以根据新问题制定的新对策不断完善到数据资料库中，这样不断循环以提高项目管理能力，增强竞争力。

在施工过程中，管理者需要适时统计和收集已完工程数据资料，及时处理施工过程中产生的问题，并对下一阶段施工进行优化安排，对可能出现的问题进行预测，制定相应预控措施，动态地实现对施工过程的控制，尽可能将施工隐患消灭在萌芽状态，以达到保证工期、降低成本、优化管理最佳状态，由此建立工程施工虚拟动态优化管理系统如下：

根据工程的规模、施工工艺的难易程度以及施工单位的管理水平来决定控制周期，制定循环周期，定期对工程进行数据收集。建立动态施工过程统计分析系统。建立工期成本动态已获价值（EVM）统计系统。该系统主要是通过已获价值理论来监控关键路线上的项目和显著性成本项目并进行 PDCA 循环控制。及时动态统计已完工程实际成本 ACWP、已完工程预算成本 BCWP、计划工程预算成本 BCWS、进度差 SV、造价差 CV 指标情况，并与静态优化施工技术指标比较，计算节超情况。

用已获价值法进行三大目标的综合分析控制主要有三个基本参数即计划工作量预算费用（BCWS）、已完成工作量的实际费用（ACWP）、已完成工作量的预算成本（BCWP），两个偏差指标即进度偏差（Schedule Variance，SV）、造价偏差（Cost Variance，CV）和两个绩效指标进度绩效指数（Schedule Performance Index，SPI）、造价绩效指数（Cost Performance Index，CPI）。已获价值管理可以在项目某一特定时间点上，通过三个指标之间相互对比，得到有关计划实施的进度和费用偏差，判断项目预算和进度计划的执行情况，获取项目三大目标实现情况，因而可以从范围、时间、成本三项目标上评价项目所处的状态。

针对已获价值（EVM）统计系统的数据，重点分析施工过程中工期和成本出现的问题，从问题原因、对策数据资料库中找出解决对策，争取在下一个循环周期内缩小与目标的差距；当所遇问题不包含在数据资料库时，则要及时分析此种新问题产生的原因，制定新对策，并丰富到数据库中，从而为今后的管理工作提供依据。

在施工过程各个阶段，不断循环以上优化程序，使施工管理始终处于工期、成本、质量、劳动组织、资源配备优化状态，并运用计算机虚拟管理技术软件为管理者提供最佳指挥平台，使各种管理优化方案能够在计算机上直观形象显示，为领导正确决策提供先进的决策平台。

本节以石环辅道工程方台桥施工项目为研究对象，尝试对方台桥施工全过程开发和应用虚拟动态优化管理方法，以达到不断提升公路建设项目施工管理水平和经济社会效益的目的。

石环公路辅道工程主体分为西、南、东环三个部分，西环、东环辅道按规划实施，南环辅道一次规划，分期建设。工程起点为北环辅道终点，终点为开发区湘江道，与307东互通辅道衔接。多工种、多专业工程相互协同、交叉、平行、立体作业多、干扰大，施工管理复杂、难度大。西环辅道沿石环公路东侧布设，起点位于北环辅道终点，终点位于西良政，全长16.3 km。其中旧路加宽段2.8 km；新建段13.5 km，按规划24 m宽路基建设，双向4车道，主辅路间绿化带10 m。设计标准：城市次干路及三级公路。设计时速为40 km／h，实际采用荷载等级为公路一级，高等级路面。方台大桥为石家庄三环辅道南水北调干渠的一座大桥，全长199 m本桥预应力系统采用体内、体外索相结合的方法，以改善结构的受力状况。桥面铺装10 cm沥青混凝土+6 cmC50防水混凝土，桥墩采用梁固结，桥台采用GPZ2.0DX支座，纵横向必须平置。

运用网络计划技术绘制施工网络图，计算计划工期，找出关键线路；估计每项工作在正常情况下所需的时间。首先以公路工程中桥梁施工的钻孔灌注桩工时消耗为例运用BPNN模型进行估算：①工程特征因素的选取和定量化描述：本模型选取的特征因素为土质类别、桩径大小、钻孔深度、砼坍落度、砼强度、钻机类型，并进行量化；②建立工时消耗估算模型进行预测分析；③进行结果分析，用收敛后的BP网络对数据进行预测，以均值作为最终预测值，并与实际值进行比较。其次，由于本项目中钢箱梁的制作只有少量的历史数据可以借鉴，所以应用GM（1，1）灰色模型进行估算。其他各个工作技术都比较成熟，用定额便可以很好地估计出工作时间。

运用显著性理论和均值理论确定工程成本目标。该桥梁工程用于计算显著性项目成本的总预算成本为2188.3万元，工序数量32，得出工序平均预算成本68.38万元。用各工序预算成本分别除以平均工序预算成本，找出比值大于1的工序，共8项，分别是0#～4#钻孔灌注桩、0#～4#盖梁施工。将比值大于1的工序的预算成本相加，算出该八项工序占所有施工工序数和工序总预算成本的比值分别为25%和77%，满足CS显著性成本理论且不需要二次平均。

最终确定出的关键显著性工序为：0#～3#钻孔灌注桩、0#～4#盖梁施工、0#桩二次开挖、承台施工、0#承台砼养生及拆模、0#～3#桥台施工、3#桥台盖梁养护、梁体安装、伸缩缝、桥面铺装、防撞护栏。

在各工序工期、成本目标优化确定基础上，确定整个项目工期、成本、质量、安全、环保总目标。

①工期总目标：拟定于2011年1月30日开工，2011年10月30日竣工，总工期9个月。

桥梁工程：2011年2月16日至2011年8月30日；路基工程：2011年2月16日至2011年6月10日；附属工程：2011年5月1日至2011年10月10日；竣工清理与验收：2011年10月11日至2011年10月30日。

②成本总目标：不断降低和优化成本，力争实现和达到预算成本目标。

③质量总目标：标段工程交工验收的质量评定：合格；竣工验收的质量评定：优良。

④环保总目标：整个工程施工将全面运行ISO14000环境保护体系标准，积极维护当地自然环境，最大限度地减少施工对自然环境的破坏，系统地采用和实施一系列环境保护管理手段，防止水土流失，杜绝环境污染，争创文明施工标准化工地，以期得到最优化的结果——争创施工环保目标：优良。

根据该工程的特点和施工工艺，将其控制周期定为7天。由于各个控制周期的数据收集和统计分析方法基本一致，选择其中两个控制时点和一个控制周期为例来说明对工程项目动态优化管理的过程。本项目的检查点为5月17日，根据此时工程施工过程的数据资料计算EVM得基本参数，计划成本BCWS、实际施工成本ACWP、已获价值BCWP。建立已获价值统计表，计算相应的偏差指标和绩效指标，进行成本—进度评价分析。当指标值大于1的时候，说明处于节省的状态，应该总结好的经验；在0.95～1之间，应该在继续进行项目的同时找出产生偏差的原因，制定对策，进行控制争取在下一个周期减少偏差；小于0.95，必须引起高度重视并进行重点分析，必要时可以适当调整局部目标以保证总体目标的顺利实现。

根据计算结果，5月17日，该工程的进度拖后，成本超支。绩效指标在允许的偏差范围之内，因此在继续进行项目的同时应找出偏差原因，制定对策，进行控制争取在下一个周期减少偏差。

依次循环优化控制。这个周期循环的过程是一个螺旋式地改进提高过程，所以从项目一开始便进行这种循环是至关重要的。之后收集方台桥5月24日的数据并建立已获价值统计表和指标计算表，计算结果显示：通过采取一系列的对策，使得所控制的项目进度偏差有了明显的缩小，成本偏差确有所增大，但是进度偏差缩小的幅度比成本增大的幅度大，这说明整个项目是向着一种好的趋势发展，在今后的控制过程中可以制定一些切实的对策来保证进度进一步缩小，同时要积极寻求降低成本的对策，由于有些成本损失是不可逆的，所以在制定成本对策时应该注重加强技术和管理方面的对策，从而达到解决成本的目的。

在进行项目成本分析时，可以预测项目未来完工成本EAC。EAC = BAC / CPI。其中，BAC为项目的总预算成本，当CPI小于1的时候由上述公式可以看出：项目按照目前的效率继续进行一定会超出总预算成本，在应用此指标的时候，我们也可以给出其与BAC的关系，例如BAC < EAC < 1.05BAC，说明必须引起重视，找出原因，制定对策，进行控制；当EAC > 1.05BAC，说明必须引起高度重视，找出原因并制定对策，必要时可以调整成本计划，使其符合项目的发展，对于该指标的计算在此不再赘述。

在施工循环过程中，及时将每个循环各工序的动态管理情况通过虚拟动态管理软件系统的施工动态管理信息表反馈给项目管理者。

本节主要探讨了结合虚拟技术和已获价值理论、CS 理论、GM（1，1）模型等理论集成的虚拟动态管理技术在公路工程管理中的应用。具体内容为：石环辅道施工虚拟静态管理系统的建立，该系统要求在施工前根据工程的具体情况和合同要求用科学的计算方法建立石环辅道工程"五控"目标，并以方台桥为例，论述在施工前应用 BPNN，GM（1，1）等方法建立工程工期、成本目标；石环辅道方台桥施工虚拟动态管理系统的建立是在施工过程中将整个工程的施工信息在计算机上动态地显示出来，并且与静态目标进行对比，使得目标的完成情况一目了然，有利于管理人员对于目标的控制，并且能够对于出现的偏差迅速纠偏，找出对策，从而保证工程在既定的目标下顺利完成。

通过该虚拟动态管理技术在公路工程管理上的应用，可以得到以下结论：

（1）通过 BPNN 和 GM（1，1）的应用可以科学地制定工程的目标，在此基础上应用网络计划技术、CS 理论可以挖掘工程的关键显著性工序，对关键显著性工序的控制可以在保证控制精度的同时较少计算的工作量，这对于有大量数据需要计算的工程项目来说具有现实意义。

（2）在实践中应用已获价值理论对工程项目工期、成本进行联合监控是有效的。它能统一以货币量作为衡量工程进度和成本的单位，方便对工程工期和成本进行综合控制。在应用已获价值理论的同时建立问题原因对策数据库可以及时总结施工过程中的经验，提高施工管理水平并且可以减少以后施工中同类问题出现的可能性。

（3）通过对施工过程的虚拟演示和动态管理系统的有效结合可以比较真实地反映现场施工过程和工程整体进展情况，对工程的整体情况有了比较形象和直观的了解，显示出传统管理方式所无法比拟的优越性。

虚拟动态管理技术在工程上的应用虽然有其独特的优越性，但目前也存在其局限性和不足之处：

（1）虚拟动态管理技术的应用需要结合实际工程，而现实中由于类似工程人员不够重视、数据靠经验来记录等因素的限制致使工程实际数据的收集和分析整理有难度。

（2）建立完整和完善的工程数据资源库。已完工程必然产生大量的数据，其中也定会存在很多相似的问题，因此可以建立工程来提高管理水平数据资源库。建立怎样的工程数据库和如何建立数据库是以后可以着重探讨的方向。

（3）关于质量、安全和环保如何虚拟动态优化的问题在本节中并未探讨，在今后的研究中可以探讨其目标定量化问题，从而保证施工过程的安全性，减少施工过程对环境的损害，提高工程的整体效益。

第五节　公路工程施工现场安全标准化建设

2011 年 2 月，交通运输部要求全国范围内的在建高速公路开展施工标准化活动。施工标准化活动主要包括工地标准化、施工标准化和管理标准化等内容，专业涵盖路基、路面、桥涵、隧道、绿化及防护工程，有条件的也可在交通安全与机电工程方面实施。2011 年 7 月，为全面提升交通运输企业安全生产水平，构建便捷、安全、经济、高效的综合运输体系，发展现代交通运输业，全面推进交通运输企业安全生产标准化建设工作，交通运输部制定了《交通运输企业安全生产标准化建设实施方案》，适用于在公路水路运输、城市客运和公路水运工程施工等领域从事生产经营建设活动的交通运输企业。

安全生产标准化的内涵，就是把工程管理的相关要素最大限度地整合优化，明确设定符合实际、符合规范要求的操作性标准，并推动落实到安全生产各个环节，从而实现项目管理更加规范、施工场地更加有序、管理流程更加合理且安全施工更加到位。因此，在公路工程开展施工标准化活动，其主要目的就是确保工程安全。要实现施工标准化，就必须实现施工安全标准化，施工安全标准化活动是施工标准化活动的重要组成部分。

魁奇路横贯佛山市东西方向，是佛山市东西向重要的交通走廊。魁奇路东延线二期工程是魁奇路的组成部分，向东与一期工程相连，将三山港、广州新客站和南沙港等重要交通设施紧密连接，是广州新客站西部的重要通道，并与多条南北向的高、快速路实现交通转换，贯通佛山中心组团和广州南部地区，完善了广佛路网衔接，实现了"广佛同城"的战略需要，是佛山市东向主要出口。

魁奇路东延线二期工程呈东西走向，西起禅城区湖景路，途经鄱阳村、奇槎村，向东跨越东平水道，与佛山一环东线相交后落地，终止于南海区西龙村附近，与魁奇路东延线一期工程相接。本项目横跨禅城、顺德、南海三区，全长约 4.532km。本项目分禅城段和东平水道、南海顺德段两部分，分别由禅城区和佛山市路桥公司负责组织实施。

魁奇路东延线二期东平水道、南海顺德段路线全长 1962m，包含奇龙特大桥和西龙立交工程，主线桥梁全长 1422m。跨东平水道奇龙特大桥为独塔双索面斜拉桥，跨径组合为 66m+69m+260m=395m，采用塔墩梁固结，边墩设纵向活动支座。桥面全宽 40.5m，按双向八车道加人行道布置。主塔采用菱形桥塔，主塔塔身总高 142m。主梁采用钢混结合的形式，中跨 247m 采用钢箱梁，其他采用预应力混凝土箱梁，梁高 3.5m。全桥共 40 对拉索，呈空间双索面布置。

公路工程施工现场作业包括：驻地和场站建设、施工便道、临时码头和栈桥、施工临时用电、施工机械设备、支架及模板工程、高处作业、起重吊装、水上作业、电气焊作业、路基工程、桥梁工程和隧道工程等。

根据交通运输部、广东省交通运输厅、佛山市交通运输局和佛山市路桥建设有限公司关于公路工程施工安全标准化工作的相关规定，针对本项目的特点，构建适合本项目的施工现场安全标准化指南，包括通用作业、下部结构施工和上部结构施工。

本项目通用作业安全标准化包括驻地和场站建设、施工临时用电、起重吊装作业、高处作业、常用设备及机具防护、水上作业等。

通用作业以驻地和场站建设为例进行说明。施工阶段主要风险表现为：临时驻地选址不当造成的被洪水冲毁风险、驻地用电和消防布置不符合规范引发的火灾风险、预制场规划设计不到位带来的基础不牢靠、拌和站地基不牢固造成的倾覆风险、钢筋加工场因消防和用电管理不到位造成的火灾风险、施工便道栈桥未进行专项设计带来的垮塌风险、水上作业防护不到位的淹溺风险等。

施工现场驻地和场站应选在地质良好的地段，避开易发生滑坡、塌方、水淹等地质灾害区域及高压电线下面，宜避让取土、弃土场地。施工现场原材料、半成品、成品、预制构件等堆放及机械、设备停放应整齐、稳固、规范、标识清楚，且不得侵占场内道路或影响安全。项目经理部内应设置指示牌、宣传栏，标志标牌应做到简洁、美观大方、排列整齐有序。

本项目下部结构施工安全标准化包括钻孔灌注桩施工、承台施工、墩台施工等。

下部结构施工以墩台施工为例进行说明。施工阶段主要风险表现为：明挖基础开挖造成的基坑坑壁坍塌风险；钻孔桩作业中钻机倾覆及人员孔口坠落风险；围堰施工造成的边坡坍塌和淹溺风险；墩柱（台）、塔柱施工中模板倾覆、物体打击、高处坠落、机械伤害风险等。

高墩翻模施工应做到以下几点：

模板安装前完成缆风绳混凝土地锚（C30混凝土，外观尺寸110cm×110cm×100cm）的设置工作。

模板拼装严格按照图纸进行，利用履带吊机配合吊装。模板拼装按先平模后侧模的顺序进行，先用螺栓将模板连成整体，再用φ30圆钢拉杆进行加固，两端设双螺帽，施工时严禁电焊在拉杆上起弧，模板成型后仔细检查各部位尺寸，符合标准后再紧固缆风绳，将模板固定牢靠，安装防护栏杆和安全网，并搭设内外作业平台。

（3）作业人员的上下通道设置在左右幅两桥墩中间，爬梯架底部与基础预埋件相连接，高度超过10m的，在墩身上设置预埋件进行附壁加强连接固定；每层高2m，爬梯架四周用安全网进行封闭，爬梯架和模板平台之间设置水平通道。

（4）实体墩身使用整体大块钢模板施工，根据墩身高度分次进行，每次施工高度为10m左右。施工中采用履带式起重机配合作业，作业人员站在已安装好的底下一层模板作业平台上进行安装操作，模板就位时应先使用尖头小撬棍穿螺栓孔进行定位，再穿螺栓，待模板的水平方向和垂直方向各最少上好2个螺栓并拧紧螺帽后方可拆除起吊用钢丝绳。

（5）每块模板外均带有作业平台，作业平台满铺脚手板，脚手板选用的厚度不小于5cm，跨距不大于2m，脚手板采用10#铁丝捆绑在平台支架上，平台外侧设置栏杆高度为

1.2m，在栏杆底部设置踢脚板，其高度不小于 20cm，每层平台下方兜挂水平安全网，安全网固定在平台支架和模板上，每层平台安放 4 个 4kg 的干粉灭火器。

本项目上部结构施工安全标准化涉及支架及模板工程、架桥机施工、主桥施工、桥面系施工等方面。

施工阶段主要风险表现为：预制梁板安装中机械失稳、高处坠落、物体打击风险；现浇梁板施工中支架垮塌、高处坠落和触电风险；悬臂现浇中挂篮倾覆、高处坠落、触电风险；桥面系施工高处坠落、触电、物体打击和机械伤害风险。

斜拉索施工应做到以下几点。

（1）斜拉索施工应编制专项施工方案，并对其进行专家论证。

（2）斜拉索展开时，索头小车应保持平衡，操作人员与索体距离不得小于 1m。在拉索锚头牵引并进入拉索套筒时，应将千斤顶严格对中，并通过起吊设备来调整拉索进入管道的角度，防止拉索锚具碰撞、损伤，影响施工。

（3）人员上下通道跳板应满铺。塔内脚手架应稳定可靠，操作平台应封闭，操作平台底应挂安全网，作业人员不得向索孔外扔物品。

（4）塔腔内应设人员疏散安全通道。塔腔内照明应采用安全电压，并应配备消防器材。塔腔内不得存放易燃易爆物品。

（5）塔端挂锁前，应检查塔顶卷扬机、导向轮钢丝绳及卷扬机与塔顶平台的连接焊缝。

（6）挂索前，应检查塔腔内撑脚千斤顶、手拉葫芦及千斤顶的吊点情况。挂索或桥面压索前，应检查张拉设备。连接丝杆与斜拉索应顺直，夹板应无变形，焊缝应无裂纹，螺栓应无损伤。

（7）千斤顶、油泵等机具及测力设备应校验。张拉杆的安全系数应大于 2，每挂 5 对索应用探伤仪检查一次张拉杆，不得使用有裂纹、疲劳及变形的张拉杆。

本节以魁奇路东延线二期工程四川路桥项目经理部施工现场安全管理为例进行施工现场安全标准化建设，针对本项目工程特点，分析通用作业、下部结构和上部结构在施工阶段的主要风险表现形式，可为施工管理人员提供参考。最后，分别就施工现场驻地和场站建设、高墩翻模施工和斜拉索施工在标准化建设管理方面提出规范性标准。

第六节 公路工程建设项目施工招投标管理

近些年来，我们国家对公路工程进行建设的项目，不断地加大投资的规模，这也给施工招投标的管理工作有了更多更高的要求，所以，对公路工程的建设项目招投标管理不断地进行强化具有非常重要的作用。

公路工程的建设项目进行施工招投标的管理工作非常的复杂，特别是在进行招标的前期准备阶段、招标的过程当中还有就是决标成交等每一个阶段都是非常关键的，所以说管理的工作一定要加强重视，一定要采取有效地措施来不断地提升招投标的管理水平，为招投标的工作能够顺利地实施搭建便利的条件。公路工程建设项目的招投标准备阶段复杂麻烦，但是，每一项工作的质量都对招投标的过程有非常重大的影响，所以，对招投标的准备阶段管理工作不断地进行加强非常关键。第一点，对公路工程进行建设招标的时候，一定要严格的根据相关的规章流程来实施。一般情况下，只有经过招投标的主管部门批准之后，才可以进行实施；第二点，对招标方式进行确定，业主一定要根据公路工程的建设项目实际的特点、设计的具体情况还有自身管理的实际水平，一定要全面的考虑合同的类型还有分标的数量，才能够对招标的方式进行明确。公路工程的建设项目招标发包的模式不能够把相互独立的项目分标合理地进行招标，又能够把所有的项目全部进行发包；第三点，公路工程的建设项目施工有非常的多施工方法，最后采取哪一种方式的合同，一定要业主充分的考虑相关的方面之后才能够进行决定。

招标的阶段非常的关键。第一点，对公开招标的招标单位首先进行明确邀请投标人的实际数量，并且一定要按照投标申请人所申请的文件严格的、充分地进行评估，按照分数的高低，在根据预计人数来对投标人的名单进行确定；第二点，相关的招标单位一定要按照招标文件的条款内容，投标单位的负责人一定要到工程现场实地进行考察的工作。这样投标的单位才能够根据现场实际的情况，制定更为合适的报价，与此同时，相关的投标人员一定要按照考察的情况，对自身的投标原则以及采用的措施进行选择，这样就能够有效地避免了承包商以不了解情况的借口不承担相应的责任；第三点，在进行开标之前召开会议。在进行标前召开会议的主要作用就是为了处理投标人存在的一些问题，为了杜绝给投标人的报价带来一定的误导，相关的招标单位在回答问题的过程当中一定要认真地进行解答。

决标成交的阶段主要的流程就是：开标、评标、决标还有最后的签约，而决标以及评标是业主之间进行的。下面就是对不同的工作管理需要重视的问题进行详细的论述。

开标方式一般情况下包括：非公开以及公开这两种，无论采取哪一种方式都一定要在招标的文件当中进行标注。在进行公开招标的候，一定要平等公平的进行竞争，使每一个投标人都明确自身的报价，还有能够详细地了解别人的报价。与此同时，在进行开标的时候一定要按照招标文件当中具体的地点、施工的时间，由招标的单位进行开标仪式，并且请相关的监理单位、公证机关还有计划部门进行参与。

评标在整个招投标阶段当中都是非常关键的一项组成部分，直接影响到业主是否可以采用最为合适的投标单位，这也直接关系公路工程的质量安全，在进行评标的时候，一定要按照招标文件当中的内容，评价每一个投标单位制定的标书。为了确保公平以及公正，相关的招标单位一定要组织成立招标委员会，委员会的成员不可以受到无谓的干扰，而且不可以代表自身的单位。与此同时，一定要加强重视下列几方面的内容：

在进行评标管理的时候一定要遵守的基本原则，就是为了确保公路工程的建设项目评标工作能够顺利地进行，招标的人员一定要按照下列的招标原则来执行：第一点，一定要保证评标的客观性以及有效性，不能只追求低标价。想要有效地确保公路工程的建设项目质量，就一定要根据施工的成本来当作基础，所以，如果投标人报价相对比较低的时候，相关的招标单位一定要严格地进行分析，防止施工单位出现偷工减料的行为、从而影响到整个施工的质量安全。与此同时，对报价进行评审的过程当中，一定要对照标底以及标书当中的所有工作内容来进行分项报价，来确定报价是否合理。

评标管理的方法主要都有：综合评价指标法以及公式记分法这两种，而综合评价的指标法就是利用量化的施工经验、建设的工期还有就是投标的报价等相关的指标来实现的。但是，不一样的指标的单位有很大的区别，所以，为了有效地实现汇总进行计算，一定要运用相对数来体现出不同的指标。公式记分法一般都会附加一些其他的优惠条件以及施工单位的实践经验等等方面来综合的进行考虑。按照我们国家的项目投标的规范标准来对不同的标书来进行评分。这一评标的方法在一些比较小型的公路建设当中应用的范围非常高。

在进行决标的时候，业主对评标报告进行全面的分析之后，与多家可能中标的单位对价格以及施工当中存在的一些问题详细的进行阐述，之后再采用最为合适的施工单位。如果中标人得到授标的通知书之后，就已经是公路工程建设的项目承包人，应当在规定的时间当中与业主签订制定的施工合同。业主还一定要与中标的单位深入的进行讨论，把一些比较细小的问题标准在签订的合同当中，与此同时，把落标的通知书发送到其他的没有中标的单位，把收取的保证金原数退还。在决标的阶段，相关的专家还有业主一定要全面的综合的分析不同投标单位的决策投标报价实际的方式，一定要全面的掌握各个投标单位具体的投标目标，这样才能够采用最为合适的选择。在当今阶段的投标单位使用特别广泛的投标报价决策方法就是依照工程清单进行报价决策的方法，主要的内容都有：生存型的策略、竞争型的策略、盈利型的策略这三种。第一种，生存型的策略中标作用就是为了应对面临的生存挑战，而出现这一危机通常情况下都是由投标单位的管理不合理导致的，所以，就算是不盈利也可以中标；第二种竞争型的策略，指的就是以低盈利，为的就是开拓市场，对成本精确地进行计算，对竞争的对手报价目标全面的、深入地进行分析，利用价格的优势来中标；第三种盈利型的策略，选择这种策略的投标单位在进行报价的时候，就是利用自身的优势来中标，从而得到经济效益以及社会效益。

在对公路工程进行建设的过程当中，施工招投标的管理工作非常关键，一定要尽可能地对社会资源科学有效地进行分配。利用招投标的阶段，就可以选择最为合适的施工单位，更好地确保工程的质量。

第七节　公路工程施工项目的精细化管理

管理水平是企业提高核心竞争力的关键，它对企业提高生产效率与经济效益、构建企业员工激励与管理机制，具有非常重要的指导意义。精细化管理在各行各业得到广泛应用，公路施工企业也不例外，公路工程施工周期长，工程量大，施工现场粗放式管理已然落伍，公路建设企业从细节着眼，实施精细化管理，构建科学合理的施工项目管理体系，为公路工程项目的顺利完成提供保障机制。

对公路工程施工项目进行精细化管理就是利用一些先进的技术和手段对整个公路工程的施工项目进行系统化、规范化以及完善化的管理，精细化管理是介于常规管理理念与管理技术之间的一种管理体系。精细化管理和其他管理有所不同，精细化管理能够保证工程的每个环节都是在精细化管理下进行的，有力地推动整个管理系统快速高效地运行。公路工程施工项目引用精细化管理模式不仅可以解决目前公路工程管理当中存在的各种问题而且还能够促进公路工程施工项目向着多方面健康有序的发展。在公路工程施工当中应用精细化管理对整个施工项目来讲能够起到以下几方面的作用：第一，精细化管理能够起到把公路工程当中的安全隐患降至最低的作用，通过精细化管理的应用提前做好预防工作、监督工作以及工程完工后的检查工作，对这三个环节的进行采取有效地控制使其能够相互协调与配合。第二，精细化管理的应用不仅有助于工程建设对于施工进度的控制与管理，而且还能保证公路工程的在施工当中的效率和质量，精细化管理这种高效节约的特点极大地推动了公路工程建设的进步与发展。第三，精细化管理不仅能够合理地对资源进行配置而且还能够使资源最大化的发挥作用。

一、公路工程施工项目的精细化管理

工程项目实施精细化管理，就是通过建立科学合理的项目管理机制，有效控制工程进度和资金的使用，提升项目的整体执行力和实施质量，提高企业的运营管理能力和效益。实施、推动工程项目精细化管理，主要包括以下方面的工作：

（一）进度控制

为了保证工程如期竣工，必须做好施工计划，控制好计划实施的执行进度，在进度控制方面应用精细化管理，具体包括以下四点：首先，分解项目，即有效分解项目，将工期时间控制好，确保工程顺利展开；其次，责任落实，即将分解的工作分至各个部门甚至班组，并实施责任制，以及制定工程目标，然后依据施工方案的不同，采取对应的管控与交接；然后，明确计划、控制进度。根据公路工程施工项目的特点，有效划分阶段，并明确各阶段的施工计划，对施工进度加以控制；最后，细化进度并及时纠正偏差。结合施工进度与实物工程量等，细致地划分施工时间，若发现偏差，应及时纠正，确保计划如期进行。

（二）成本管理

成本管理是精细化管理的一项重要内容，在公路工程施工时应从设备、材料以及人员等入手，对成本加以控制，具体表现为三点：首先，设备在公路工程占据重要地位，或购买，或租赁，均需对成本进行有效控制，将所需设备的单价与数量编入预算中，同时，还应加强协调工作，做好调度，并确保设备的完好，以此来提高设备的使用率与工作效率；然后，对施工所需材料进行严格控制，采购材料时，应充分考虑材料的质量。

（三）施工质量

对于公路工程施工的精细化管理中，其中对质量的精细化管理也是很重要的。首先，保证施工材料的质量。对于施工材料的把控应该从审批、选材、采购等一系列准备工作流程开始，根据市场材料的相关参考数据，筛选出质量合格和信誉良好的供应商。其次，严格验收施工过程中的状况，迅速进行状况的处理。在实际的施工过程中，需要根据专业的施工设计方案作为处理问题的指导，加大对施工过程和施工质量的监督，结合以往的施工经验进行后期问题的处理，提高施工的执行力。最后，提高质量监督强度。应该对于施工前预防、施工时监督、施工后监测的监管模式进行推行，在施工前进行施工资格的判定，在施工过程中进行工程数据的验算和相关汇报，并对施工规范度进行监察，逐渐深入，最终建立一套健全的质量精细化管理体系。

（四）安全问题

安全问题与施工质量密不可分，若发生安全事故，则不仅会对施工质量产生影响，而且还会对施工的进度与成本带来一定的影响，因此，企业必须重视安全问题，加强精细化管理。首先，构建健全的安全管理体系，并制定规章制度，以此使施工的安全性得到保障，降低安全事故的发生率，确保施工秩序有效展开。与此同时，将制度与奖惩制度相结合，并贯彻落实到每个环节，此外，还应该制定应急预案，及时应对安全事故，尽可能降低损失；然后，制定健全的管理制度，即落实领导责任制，从实处出发，将安全生产贯彻到个人责任制；最后，施工人员需严格按照规章制度与相关规定展开施工，与此同时，还应安排专门管理人员定期检查，及时发展安全隐患，并及时解决。

（五）验收精细化

对于公路工程施工而言，验收环节也是重要的环节。只有工程建设主体工作完工后，就是工程验收阶段。其对验收的精细化的原则是对未合格产品重点检查，重点分析出现未合格产品的原因，随后进行回溯式再监测工程质量。在实际的验收环节，验收员工必须对工程进行分段分步的抽样复检。

公路工程施工项目是非常复杂的，涉及方方面面，而且受到外界各种因素的影响，所以要想顺利地完成公路工程，就必须对公路工程的施工项目进行精细化管理。进行精细化管理，必须要从实际出发，使管理落到实处，循序渐进地将管理目标做到专业化、具体化和现代化，从而使施工项目管理更加科学化、全面化，减少安全隐患并缩减施工成本。

第八节　公路工程施工质量控制及管理

一、公路工程施工质量控制原则

施工中应按《公路工程质量检验评定标准》的规定要求严格检查，取得真实的检测数据，用数据来证实质量的好坏，并根据获得的数据对其进行分析，以改进质量。在检查中，必须按相关规定做好记录。

二、公路工程施工质量控制及管理的现状

施工人员的整体素质不高。我国项目工程施工人员主要是劳动型人才，不能依据科学技术和专业知识来进行工程项目的施工作业。在整个项目工程中，人是施工主题，贯穿施工过程的始终。为了确保施工的规范性和严格性，施工人员应该在掌握过硬的专业技能同时，加强团队协作。其次项目管理人员的素质，管理人员是整个工程项目的主导者，应该具有战略意识，带领整个团队多快好省地推进工程项目建设。

公路工程中的各项指标不能满足国家和行业的质量标准。材料是施工的前提和基础，如果材料都不能够满足标准的话，那么后续一系列的质量管理都是无用的，工程质量都是没有办法得到保障和控制的。在我们时间的施工过程中，各种不合格甚至是假冒伪劣的材料不断出现，不仅对整个工程项目的质量产生了不良的影响，造成经济损失。如果更严重的话甚至会对公民的生命财产安全造成十分恶劣的危害。施工设备尤其是大型机械也要满足行业制定的标准，要确保器械能不能发挥其应有的功能，操作人员是否按照规定正确操作等一系列因素都会直接影响到工程项目施工的质量。

施工管理制度不完善。在公路项目工程施工过程中，没有建立完善的权责利制度，一般情况下，工程项目的管理者拥有较大的权力，却没有明确他所应该承担的责任。基于这种情况明确每个人的权力和职责，不能是只赋予权力而不明确责任，这样不但能够调动各个部门工作人员的积极性，还能够增强他们的责任意识，对他们的工作行为进行制约和规范，更好地提高工程项目质量。其次，在施工的过程中也存在着严重的质量问题，比如施工单位一味地追求经济效益，偷工减料、以次充好严重地影响了工程项目的质量，这方面也缺少有效地监督管理机制。由于管理制度的缺乏，在工程项目中遇到的问题不能得到很好的解决，很对施工单位面对问题十分机械化，也没有真正意义上的落实奖惩制度，不能形成合理的激励机制，难以对工程项目质量管理产生积极作用。

三、提高公路施工质量控制及管理的对策

抓好公路工程项目的设计工作，严格把控工程项目设计的质量关。首先要对工程项目进行详细地了解，分析实施项目的可能性和风险性，根据实际情况，综合各方面的因素做出合理的设计方案。好的设计方案不仅能够保证工程项目建设的顺利开展，还能够减少施工过程中的失误。同时设计方案还直接影响着工程建设的与其投入。因此监督部门要提高工作能力，把好项目设计的质量关。

加强公路项目施工人员的职业素质培养，人是施工管理中质量控制的关键因素，所以要加强施工人员的职业素质。首先，对于项目工作者来说，要有责任心和质量意识，另外施工人员还应该有专业的知识，这就要求施工单位要加强技术培训，注重技术指导并进行岗位培训，加强团队协作意识。对于项目的领导者来说，要加强战略意识和战略眼光的培养，能够站在全局的角度来引导整个工程的进度，提高项目施工水平，从根本上促进工程项目施工质量的提高。

加强公路工程设备的管理。工程设备主要包括工程项目施工材料和施工所用的机械设备。要对这些工程设备进行妥善的保存，避免因为不正当的存放方式造成的经济损失。对于施工材料的保存要从运输阶段就开始注意，在运输过程中要防止倾撒造成的浪费，运输到施工现场之后，因为施工的现场条件一般都比较简陋，所以要放置材料淋湿或者受潮，保证施工材料的质量。对于机械设备的保存则相对简单一点，要定期进行维护和检测，保证设备能在施工过程中正常运转，也可以提高设备的工作效率。

同时，要提前做好工程项目质量的检测工作，加强工程项目各个方面的管理工作。在施工开始前相关部门要好开施工研讨会议，进行任务分配和管理，积极落实"三检"，加强质量监督意识，提高工程项目质量。

优化管理模式。对工程项目进行质量管理的前提就是建立健全严格的管理制度和管理体系。在项目工程施工的过程中，要建立起合理的质量目标，在不同的阶段制定不同的质量目标，把整个工程项目的质量来量化处理，从而促进整个项目工程质量的提高。最后，要根据实际的施工情况制定相应的管理目标，工程质量管理不应该只是做肤浅的表面工作，避免空洞的理论，把管理工作落到实处。另外针对片面追求经济利益的现象，相关部门应该建立起完善的监督机制，严把工程项目质量关，也应该加强对施工单位社会意识的宣传，让施工单位充分认识到他们所承担的社会责任，不仅要对自己企业的声誉负责，更应该对社会、对公民的生命财产安全负责，杜绝潜在的工程安全隐患。

加强重点环节的管理。对工程项目的重点部位，要进行重点管理，这是由项目工程的使特点所决定的。因为这些重点部位质量的好坏直接影响到整个工程项目质量的高低。如果这些重点部位出现质量问题，甚至会导致整个工程项目的坍塌。对这些重点部位要专人进行专门的特殊管理。这里所说的重点部位是指工程的受力部位或者是容易受损伤的部位，

对于这些部位，关于一些临界项目，施工人员要对技术检测人员进行交接检验，我们要严格按照行业制定的标准进行验收，及时发现问题，避免将隐患带到下一个程序中。

综上所述，通过我们对公路工程项目施工质量管理的现状及其控制原则的分析，我们应该清楚地认识到工程项目的质量不仅关系到施工单位的经济效益，更重要地是还涉及广大公民的生命财产安全，任何企业和个人都应该充分重视工程项目的质量。这样才能够在激烈的市场竞争中立于不败之地，向国家、社会、人民交付出合格的工程项目。

第九节　交通工程施工管理与质量控制

在城市化进程的快速发展中，交通工程的相关建设工作一定确保好质量，这样才能更好地为社会发展进行服务。因此，在交通工程施工的过程中，对于质量管理工作一定更要给予高度的重视，将质量管理的强度进行提升，保障工程的施工质量。这便需要交通工程施工单位，要具有高强度的责任心，做好统筹发展工作以及施工总结，以便找出其中的问题，及时进行解决并探寻更加理想的管理方式。

交通工程的开展是一项综合性非常强的过程，只有对施工过程当中的每一项活动都给予严格的管理，才能顺利促进工程的建设，保障施工的有序实施，这也为交通工程的建设提供了强有力的基础。此外，实施良好的质量控制，做好施工的管理工作，有益于最大程度的保障施工的结果。利用对施工管理措施的制定和完善，可严格监管材料、施工工序等，防止豆腐渣工程的出现。

在施工企业当中，只有充分注重交通工程当中管理工作，才能将管理能力进行提升，并提升交通工程施工的水平，有益于企业核心竞争力的提升。在对交通工程进行建设的过程中，由于存在较强的复杂性，在施工中一定要掌握工程的发展规律等进行相关的施工工作。所以，企业在对自身的管理水平进行探索和提升的过程中，要对管理经验进行积累，这样长时间之后，企业会将自身的管理水平进行全面的提升。

对于施工设计方案，对交通质量会产生直接的影响作用。如果建设单位对评估阶段、可行性分析报告等设计方案存在不合理的情况，会对整个施工的质量造成严重的影响。

在实际施工的过程中，检测以及评估等工作作为重要的工作内容。在检查的过程中，很多评估部分只注重对表面的情况进行查看，对于其中比较隐蔽工程却存在较大的疏忽，会为之后的工程施工埋下安全隐患，降低工程的质量。

在交通工程当中，有些工作人员的文化水平并不是很高，加之在施工之前没有经过系统的岗位培训，极易发生一些施工错误且影响施工的质量。

在交通工程施工之前，要做好相应的准备工作，这是提升施工质量的基础。在前期，建设方要对施工当中应用材料进行详细地检查。通常来说，需要对以下四个方面进行检验和审核：①针对交通工程施工过程中所有环节的勘察设计，要进行详细地检验和审核，绕开和排除不好的地质环境，保障工程开工之后的正常实施；②要严格审核施工方的资质，对其资金实力、技术和经验等经进行评估，这也是保障施工质量的基础性工作；③严格审核施工的图纸，图纸为施工人员工作的重要依据，因此要保障图纸没有任何的错误，保障交通施工的顺利开展；④施工方要针对工程所需的材料联合业主、监理、检测单位四方共同考察，为尽早地完成配合比及总体开工报告做准备。

建筑材料的质量，对最终的施工质量会产生直接的影响。所以，交通工程当中施工方对于材料的质量管控要细致并且充分。①对于材料的质量检测工作，要依照严格检测之后再进行使用的原则，不能出现使用过程中发现问题之后再进行检测的情况，对于不合格的材料坚决不能使用。此外，在检测原材料时，要针对不同的材料制定不同的检测方法并安排专业的技术人员；②针对进场之后的材料，要做好货物数量、种类等明细的登记工作，并在档案建立之前，再次对材料进行抽检。

在交通工程施工的过程中，会应用到很多的设备，是决定工程质量的重要因素。在施工时，要选择合理的设备进行施工，在施工结束之后，要对设备进行保养工作。这样，可减少在实际施工过程中，由于设备问题造成的质量下降问题。

科技的全面发展，促进了施工企业的进步，其中施工技术有了很大的提升和发展，但是与西方一些发达国家进行比较，有些施工技术依然比较落后，这对交通工程质量的提升，会造成较大的阻碍作用。在施工的过程中，对于技术的选择可直接决定施工的质量，所以施工方要学习国外先进的施工理念和技术，并将其引入，结合我国交通项目的施工特征进行应用，以便将施工的质量进行整体提升。

在交通工程竣工之后，要做好其中的验收工作，其中会涉及很多的内容，如混凝土预应力检测等。因此，在验收环节，要根据具体的质量标准，抽查检验各个需要检验的部位，并结合最终的检测结果，找出其中不合格的部分，可保障工程的质量。

总之，交通工程与人们的出行息息相关，如果其质量出现问题会产生严重的后果。所以，对于质量问题，施工方要给予高度的重视，加强对材料的控制、选择合理的设备等全面保障施工的质量。

第十节　CM 模式在中国公路工程项目管理中的应用

CM 模式的英文全拼是 Construction Management，是国际上应用非常广泛的一种承包和发包模式，同时也是一种项目管理模式。中国对于 CM 模式的研究和应用很少，但是就现在社会发展的趋势来看，CM 模式应该是我国与国际接轨的必然需求，CM 模式简单地说就是指委托其他的单位来公路工程项目进行设计和施工管理，使公路的施工实现边设计边施工的形式，节省了公路工程建设时耗费大量的时间，CM 模式有计划的施工还能对公路工程的建筑成本起到有效的节约作用，提高我国公路工程的施工质量，值得全面推广该模式。

CM 模式是以承包的方式把工程项目管理承包给另外一个组织进行管理，该组织可以对工程项目进行最直接地指挥，影响整个工程建筑活动的进行。CM 模式在以前主要应用在工程的实践阶段，接受委托的组织与发包责任者以成本价利润的合同形式进行相互的制约。CM 模式在应用时的基本思想需要委托方和受托方进行良好的协调，以保证工程项目管理的顺利进行。CM 模式在我国公路工程项目管理的应用中打破了原有的常规模式，使公路工程的施工不用等施工图纸审核完毕后就可以开始，提前了项目工程施工的时间，缩短了公路工程的施工周期。

CM 模式的工程项目管理主要可以分为两类：第一类是代理型的 CM 管理模式，第二类是风险型的 CM 管理模式。

代理型的 CM 管理模式是指委托方与工程设计组织、CM 管理公司、施工城建方共同签订合同，然后委托方通过 CM 管理公司来传达工程施工中的指令，然后 CM 公司对指令进行分层的传达，保证传达到每一个环节，这种管理模式 CM 公司没有具体的责任，仅仅只负责三方的协调工作。

风险型的 CM 管理模式是指委托方仅与工程设计组织和 CM 管理公司来签订合同，但是并不与施工城建方签订合同，而是把这个权利交给了 CM 公司，由 CM 公司来选择施工承建方并签订施工合同，所以在这种管理模式中 CM 公司就需要承担非常大的风险，因为这种模式中 CM 公司需要对工程施工的最大费用进行保证，避免施工超出最大费用的预算，如果超出预算，CM 公司就要承担超出部分的费用。

CM 模式的优势体现在对建筑工程施工进度的控制，不需要等到施工图纸的审核完成就可以开始正常的施工流程，在 CM 模式下工程图纸只需要完成前期的施工图，就可以预先进行工程招标，设计单位的设计工作继续进行，施工图纸与正式施工同步进行，使施工时间得到很大程度的提前。与传统的工程项目管理模式相比，CM 模式可以将工程施工有计划的分成很多个小部分，在施工图纸完成一部分之后就可以安排施工，极大程度地缩短工期，使项目工程建筑效率得到了有效地提高。CM 模式在实际的项目管理中结合工程规模、复杂度等一系列的因素进行综合考虑，制定完整的管理计划，保证工程施工的有序进行。

工程质量进行有效地控制。CM 模式主要对建筑工程的材料以及施工单位进行质量控制，使整个工程的质量有效的提高，委托方只需要检查 CM 公司的管理体系的执行是否严格就可以，减少直接对材料供货商、施工单位、监理单位的监管，减少很多不必要的环节，而 CM 公司严格地执行质量控制体系也能有效地避免项目工程出现质量问题。

委托方委托 CM 公司对工程项目的施工成本进行管理，因为委托方本身对于工程成本的控制能力较弱，但是 CM 模式可以代替委托方实现对施工成本的有效控制，CM 模式可以根据施工地点的实际情况、施工单位的施工能力、施工设备、工程规模进行综合考虑并制定科学的施工方案，对施工过程进行全程监管，使工程在最短的工期内完成，减少委托方成本的投入，实现成本控制的目的。

由于公路工程关系到我国的道路交通运输，直接影响到我国的经济发展，没有 CM 公司能够承担起此份重任，所以在 CM 模式的应用中选用代理型 CM 模式进行工程项目管理，但是某些中低级的公路工程可以推行风险型 CM 模式，但是也必须由代理型 CM 模式进行辅助。根据我国公路工程的实际发展状况，在 CM 模式的应用上设计了三个类别。

因为公路工程承建方的能力非常全面，不光具备施工能力还具备管理能力，所以可以实行由承建方提供 CM 服务的管理模式。在公路工程的设计阶段开始进行 CM 单位的招标，选择有实力的 CM 单位。CM 单位主要负责提出合理的设计意见，并对工程招标和工程施工进行管理，公路工程城建方的建筑经验以及管理经验都非常的丰富，可以有承建方对工程设计和施工过程进行协调，对于工程的成本控制方面可以由 CM 单位自己提出预算的最大施工费用，超出部分由 CM 单位自行承担。CM 单位可以选择性地参与工程施工，也可以专门对公路工程项目进行管理。

在这种模式中 CM 单位不需要承担工程费用的风险，只需要为委托方提供工程图纸设计、招投标工作、施工工程管理工作的相关服务，委托方只需要提供给 CM 单位固定的费用即可。

我国实行工程监理制度已经有很长时间了，所以监理单位的项目管理经验非常的丰富，监理单位采取代理型 CM 模式对委托方提供 CM 服务也仅是对工程图纸设计、招投标工作和施工工程管理提供相关服务，同样避免成本费用的承担风险。

CM 模式在我国公路工程项目管理中的应用，有效地提高了我国公路项目管理的整体水平，使我国的公路工程能够更好地发展，加快了我国公路工程的建设速度，使我国的公路工程可以在国际市场上占据地位。

第十一节　工程管理系统思维与工程全寿命期管理

工程寿命期管理一直是我国建筑工程管理研究的重点内容，其命题的维度较大，涉及总指导思想、工程建设、运行管理和投资体制等多方面的内容，而且涉及的管理知识内容也十分丰富，与传统的管理理念有着得很大的区别。在传统管理理念的核心中增加流程、目标、技术以及对象等主体，将工程建设与工程运行两个阶段紧密结合在一起，对建筑工程的全寿命期进行全方位综合管理，保障最优化目标的实现。

传统工程管理系统思维的核心是：建筑工程的质量、成本、进度，并没有将工程的运行阶段纳入到管理环节中，从工程整体寿命周期进行管理内容制定，其中具体的弊端体现在：

工程价值观，传统工程管理系统思维指导下的工程价值观主要以施工效益及施工效率为核心，不重视工程的运营养护；这种价值观指导下获取的利益是短期的，严重地忽视了运营中工程可能出现的问题以及工程是否能够可持续发展的问题；对促进工程健康、稳定运行没有明确的认识，导致工程运行中存在恶劣性质的风险，影响工程的寿命。

　　包容性，传统工程管理系统思维只在利益的基础上考虑工程建设，没有结合时代发展趋势对出现的新要求与新目标进行考虑。而且，受价值观的影响，工程的效用与价值在未得以充分发挥的情况下就夭折，传统的工程管理系统思维主要将工程管理分为不同的阶段，导致整体的设计、运行、决策严格的分裂开来，经常出现实际发展与目标不一致的问题，影响管理工程的连续性，而且管理人员和施工主体间的角色过于分明，未通过换位对实现工程的全寿命期进行总体考虑。

　　管理的思维模式，这种思维模式影响我国建筑行业管理的研究与应用方向，传统的管理思维模式是由单一的管理者执行单一的管理职能并管理单一的工程环节，在我国以前的发展上还有一定的应用可行度，但在现代化工程建筑发展上，严重缺乏对建筑工程管理系统性的思考，导致建筑出现问题无法从根本上进行解决。

　　工程管理是指在结合社会发展需要的基础上，通过树立正确的工程价值观，实现工程全寿命期的最优目标。所以，工程管理系统思维的确立应从更高的高度、更广阔的时间范围以及更远阔的视野，综合考量工程问题并解决工程问题。

　　系统思维的概念最早是由切克兰德提出的，重点强调在研究过程中要保障研究对象的全面性、整体性，要求用系统的思维成果进行工程管理。在管理领域中，工程管理是一项特殊的管理活动，其具有整体性、系统性的特征，只有在其特征基础上，才能将工程的全寿命期都纳入到管理中，实现部分与部分的和谐、整体与部分的和谐、环节与环节的和谐、系统与环境的和谐。

　　从工程管理系统思维的角度来讲，工程建筑是在人类认识自然、利用自然与改造自然基础上通过工程技术、科学理论建造出来的物体，其是一种人造的客观存在，具备其独有的功能与价值。工程建筑主要是由空间建筑物主体、设备系统、构筑物、硬件设施、软件系统共同组成，每一部分都具有独立的功能，是工程建设工艺、技术、质量、工程量的具体体现。其存在客观环境中，在既定的空间范围内、有限的时间条件下运行。建设完毕的工程建筑属于一个开放系统，与客观环境保持着多种交互关系。

　　由于工程建筑一直运行在客观环境中，所以工程全寿命周期要求工程管理系统为其提供稳定的客观运行环境，如土地、人力资源、原材料等，这些都是保障工程寿命的根本与基础；工程建筑的全寿命周期还要求工程管理系统为其产品输出提供完善的服务，其中需要注意的是：工程建设会产生不利于自然环境和谐的废弃物，工程管理系统思维需要从和谐发展的角度做好处理。

　　工程全寿命期管理是结合时代发展的要求，在传统工程管理系统思维提供的管理方法与管理理论基础上，将工程策划、工程决策、工程规划、工程设计、工程施工、工程运行、工程维护、工程后期管理作为对象的全方位工程管理模式，扩展了管理的深度与广度，所以在构建管理框架结构上也要满足深度与广度的要求，基于工程全寿命期管理的规律，提出具体的管理流程与管理方法，再结合工程技术的发展、管理系统的创新，提升自身的适应性与可行性。其具体的要求有两个方面：

　　管理框架结构必须集成建筑工程各阶段的管理工作。根据工程寿命的规律与理论对工程管理阶段进行划分，包括：工程策划管理阶段、建设管理阶段、运行管理阶段、善后管理阶段这四个阶段；而从不同管理对象的角度进行划分，具体分为：决策管理阶段、投资融资管理阶段、项目管理阶段、造价管理阶段、质量管理阶段、技术管理阶段、合同管理阶段、运行维护管理阶段、建筑健康管理阶段。这些阶段都要纳入全寿命期管理框架结构中。

　　所有管理阶段都必须全面贯彻落实全寿命期管理理念、管理方法、管理理论，包括工程建设中的技术管理阶段都要在全寿命期思想上制定具体的管理内容。这就要求在工程建设中，不仅要重视建设期间的工程问题，运行期间的问题也同样重要。始终要将全寿命期最优化目标作为管理的目标和方向，保障工程在最优化全寿命期内持续、安全稳定运行，从而形成完整、统一的集成管理系统，保障建筑的运行安全与运行稳定性，经得住时代发展的考验。

参考文献

[1] 罗宏俭．计算机网络信息技术在公路建设项目管理中的应用 [J]. 交通科技，2012，01：114-117.

[2] 王洪涛．动态管理信息系统在高速公路项目建设中的应用研究 [J]. 公路交通科技（应用技术版），2013，11：210-214.

[3] 秦明健，黄利芒．基于网络技术和 GIS 的公路建设可视化项目管理系统的研究与应用 [J]. 北方交通，2012，01：72-76.

[4] 史银兰．计算机信息技术在公路施工管理中的应用 [J]. 交通世界（建养．机械），2013，11：267-268.

[5] 吴海波．建设工程招标管理中的问题及其对策研究 [J]. 科技经济市场，2009，（7）：16-17.

[6] 苏贞，冯东阁．农村公路建设项目风险认识与防范措施探究 [J]. 大众科技，2011，（12）：74-75.

[7] 刘海甲，梁婷子．建设工程项目招投标及合同谈判阶段的风险管理探究 [J]. 大众科技，2012，（5）：43.

[8] 聂忆华，张起森．CM 模式在中国公路工程项目管理中的应用 [J]. 中南林业科技大学学报，2007（6）：140-143.

[9] 詹童强．公路建设项目管理 Partnering 模式与 CM 模式初探 [J]. 中国高新技术企业，2010（9）：136-137.

[10] 金东元，曹清海．建筑工程组织管理 CM 模式在我省水利工程的应用探讨 [J]. 黑龙江水利科技，2010（4）：113-114.

[11] 方光秀，白俊鸿．韩国建国大学商住综合大厦 CM 模式研究 [J]. 建筑管理现代化，2008（2）：45-49.

[12] 华昕若．BIM 技术在高速公路跨线桥施工安全管理中的应用研究 [J]. 公路工程，2017（1）：147-151.

[13] 柏万林，刘玮，陶君．BIM 技术在某项目机电安装工业化中的应用 [J]. 施工技术，2015（22）：120-124.

[14] 王婷，池文婷．BIM 技术在 4D 施工进度模拟的应用探讨 [J]. 图学学报，2015（2）：306-311.

[15] 杨震卿，张红，张莉莉，等 . BIM 技术在机电施工中的应用研究 [J]. 建筑技术，2015（2）：132-134.

[16] 刘洁刚 . 公路交通机电工程的监理措施 [J]. 交通世界，2015（6）：98-99.

[17] 刘胜斌 . 高速公路交通机电工程设计方案探讨 [J]. 工程建设与设计，2015（9）：86-88.

[18] 朱建华 . 公路工程施工监理中的问题和对策研究 [J]. 黑龙江交通科技，2015（10）：172.

[19] 成功 . 如何做好公路工程施工监理 [J]. 科技创新与应用，2012（6）：145.

[20] 谢耀文 . 公路工程施工监理的现状与对策分析 [J]. 科技风，2012（6）：136.

[21] 杨文礼 . 郑州西南绕城高速公路工程管理及专业技术论文集 [M]. 河南人民出版社，2006，04.

[22] 张振明 . 公路技术与交通管理 [M]. 河北人民出版社，2008，09.

[23] 张少锦 . 公路工程建设执行控制格式化管理 [M]. 人民交通出版社，2007.11.